셈연구시리즈 72

마태복음과 함께하는

묵상노트 2

한국기독교교육교역연구원 편

임창복 집필

삽딤 한국기독교교육교역연구원
www.kcemi.onmam.com

집필자 소개

임 창 복 / 이화여자대학교 사범대학교 과학교육과(B. S.)

장로회신학대학교 신학대학원(M. Div.)

미국 Princeton Theological Seminary(Th. M.)

미국 University of Pittsburgh(Ph. D.)

(사)한국기독교교육교역연구원 원장

장로회신학대학교 명예교수, 기독교교육학

마태복음과 함께하는

묵상노트2

초판인쇄   2023년 9월 5일

초판발행   2023년 9월 5일

지 은 이   임 창 복

엮 은 이   한국기독교교육교역연구원

펴 낸 곳   사) 한국기독교교육교역연구원

주   소   12 경기 가평군 호반로 1373

전   화   (031) 567-5325, 584-8753 팩스 (031) 584-8753

총 판 처   (주)기독교출판유통

등   록   No. 17-427(2005. 4. 7.)

ISBN 978-89-93377-15-6 (93230) / Printed in Korea

값 11, 000원

머리말

사단법인 한국기독교교육교역연구원은 그동안 페이스북, 다음 블로그, 그리고 본 연구원 홈페이지에 "오늘의 말씀묵상"을 매일같이(주일은 제외) 올리고 있습니다. 이를 모아 현재까지 「누가복음과 함께하는 묵상노트」가 제1권부터 제4권까지, 「요한복음과 함께하는 묵상노트」가 제1권부터 제4권까지, 「창세기와 함께하는 묵상노트」가 제1권부터 제4권까지, 「사도행전과 함께하는 묵상노트」가 제1권부터 제4권까지, 「히브리서와 함께하는 묵상노트」제1권부터 제2권까지, 「로마서와 함께하는 묵상노트」제1권부터 제2권까지, 「이사야와 함께하는 묵상노트」제1권부터 제3권까지, 그리고 이번에는 「마태복음과 함께하는 묵상노트」제1권에 이어 제 2권을 출판하게 되었습니다.

본 연구원이 "오늘의 말씀묵상"을 중요시하는 이유는 매일 단 몇 분만이라도 하나님의 말씀을 고요히 묵상하는 사람은 삶의 질서가 하나님 안에서 분명해지고, 또한 '성경말씀'이 날마다 자신에게 적용되어 삶으로 배어들기 때문입니다. 그리하여 묵상자는 주 안에서 평강과 인내와 기쁨의 삶을 사는 힘을 공급받을 수 있게 됩니다.

무엇보다도 먼저 본서가 출판되기까지 함께하신 하나님께 감사를 드립니다. 이 책을 통하여 묵상하는 모든 이들이 성경말씀으로 치유되고, 도전받고, 구속함을 입어 변화되는 하나님의 역사가 임하시기를 기원하면서 머리말을 맺습니다.

2023년 9월
사단법인 한국기독교교육교역연구원 원장
장로회신학대학교 명예교수 및 셈교회 목사

임 창 복

묵상기도하는 방법

1. 우선 몸의 균형을 잡고 개방적인 상태로 눈을 감은 채, 편안히 앉아 긴장 완화를 쉽게 하기 위해서 몇 번 깊게 숨을 쉰다.

2. 하나님의 임재를 위한 기도를 드린다. (원하면, 기도 후에 찬송을 부르거나 묵상하기 좋은 음악을 듣는다.)

3. 묵상할 주제를 본 다음, 묵상할 말씀을 한 번 전체적으로 면밀히 그리고 능동적으로 읽는다.

4. 묵상할 말씀을 두 번째 읽으면서, 첫 번째 읽을 때 스쳐 지나간 부분까지 전체 내용이 마음과 머리에 기억되도록 집중하여 능동적으로 읽는다.

5. '기도 요점'과 '도움의 말'을 한 번 읽고 난 후, 다시 세 번째로 묵상할 말씀을 읽어 가면서 특별히 마음과 눈이 머무는 특정 말씀이나 구절 혹은 성경말씀 이야기 안으로 수동적으로 들어간다. 이때 다른 생각이나 잡념과 같은 것은 내려놓는다. 혹은 그것에 붙잡히지 않고 흘러가게 한다.

6. 주님과 대화하면서 묻기도 하고, 주님의 음성을 듣기도 하며, 묵상하는 말씀들로부터 내면으로 스며드는 느낌이나 혹은 말씀 안의 배경, 인물, 대화내용 등으로 몰입되면서 묵상자를 치유하고, 도전하고, 그리고 고요하게 하는 말씀의 능력에로 몰입되어 들어간다.

7. 자신이 묵상한 말씀과 주님과의 대화의 응답으로 '응답의 기도'를 드리며 묵상기도로부터 벗어난다.

8. '묵상노트' 하단의 빈 공간에 자신이 '묵상한 내용'과 '응답의 기도'를 기록한다.

묵상기도
주제 및 내용

말씀 묵상노트의 목적은 그리스도인들이 말씀 묵상, 기도생활을 통하여 성령의 역사로 하나님의 지속적인 현존에 거하게 하는 데 있다. 다른 말로 표현하면, 이는 순간순간, 날마다, 직장 혹은 가정, 그리고 시장에서도 영원성에 그 중심을 두는 삶, 즉 하나님의 현존 안에 우리의 삶이 거하도록 하는 데 있다. 이와 같이 하여 그리스도인의 성경말씀 묵상기도의 결실은 성령의 인도하심에 따라 세상에서 하나님과의 깊은 관계 속에서 삶을 살 수 있게 하는데 있다.

1
요나의 표적 밖에는 보여 줄 표적이 없느니라

마태복음 16 : 1-4

바리새인과 사두개인들이 와서 예수를 시험하여 하늘로부터 오는 표적 보이기를 청하니 예수께서 대답하여 이르시되 너희가 저녁에 하늘이 붉으면 날이 좋겠다 하고 아침에 하늘이 붉고 흐리면 오늘은 날이 궂겠다 하나니 너희가 날씨는 분별할 줄 알면서 시대의 표적은 분별할 수 없느냐 악하고 음란한 세대가 표적을 구하나 요나의 표적 밖에는 보여 줄 표적이 없느니라 하시고 그들을 떠나 가시니라

기도 요점

원래 서로 사이가 좋지 않았던 바리새인과 사두개인들이 와서 예수님을 시험하여 하늘로부터 오는 표적을 청한 까닭은? 그들의 요청에 예수께서 그들에게 너희가 저녁에 하늘이 붉으면 날이 좋겠다 하고 아침에 하늘이 붉고 흐리면 오늘은 날이 궂겠다 하나니 너희가 날씨는 분별할 줄 알면서 시대의 표적은 분별할 수 없느냐 라고 말씀하시는데, 이 말씀의 의미는? 예수께서 그들에게 악하고 음란한 세대가 표적을 구하나 요나의 표적 밖에는 보여 줄 표적이 없다고 하시며 그들을 떠나가시는데, 이 말씀의 의미하는 바는?

도움의 말

당시 바리새인과 사두개인들은 원래 서로 종교와 정치 및 사상과 의식면에서 극단적으로 대립관계에 있었습니다. 그런데 그럼에도 불구하고 그들이 예수님을 시험하기 위하여 함께 예수께 와서 하늘로부터 오는 표적 보이기를 청합니다. 그들은 그들의 기존신앙체계 안에서 예수님을 시험하려는 의도로 함께 온 것입니다. 당시 랍비들은 사단에 의하여서도 지상에서 각종 이적들이 일어날 수 있었다는 것을 믿고 있었다고 합니다.

그렇지만 하늘로부터 오는 이적들은 오로지 하나님에 의하여만 가능한 것으로 믿었다고 합니다. 그렇기 때문에 그들은 예수님께 모세 시대의 만나 사건이나 혹은 여호수아 시대의 해와 달이 멈췄던 사건과 같은 하늘로부터 오는 기적을 요구한 것입니다. 이 같은 그들의 저의를 다 아시는 예수께서 그들에게 너희가 저녁에 하늘이 붉으면 날이 좋겠다 하고 아침에 하늘이 붉고 흐리면 오늘은 날이 궂겠다 하는데, 이처럼 너희가 날씨는 분별할 줄 알면서 시대의 표적은 분별할 수 없느냐고 대답하십니다. 이 같은 예수님의 대답은 당시 유대인들이 하늘의 변화에 많은 관심을 갖고 이러한 변화들을 통하여 때의 징조를 예측하였던 것을 실례로 들어 이르신 것입니다.

예수께서 말씀하시는 시대의 표적이란 과거에서 미래로 나아가는 특정한 시점을 가리키는데, 이는 유대민족이 대망하고 있던 메시야입니다. 예수께서는 자신이 메시야 이신 것을 이미 여러 가지 표적들을 통하여 나타내 보이셨습니다. 즉 예수께서는 직접 구약 예언의 성취로 오신 자신을 증거 하셨고 이적을 베푸신 것 등으로 시대를 분별할 만한 증거들로서의 표적을 보여주신 바 있습니다. 구체적인 표적으로서 성육신 하신 예수님은 그 말씀과 행동으로 이미 새 시대의 증거를 보여주셨습니다. 이처럼 새 시대의 충분한 표적과 가르침이 그들에게 주어졌음에도 불구하고 그들은 예수님을 음해하려는 악한 의도로 계속하여 하늘로부터 오는 표적을 청하고 있는 것입니다. 그리하여 예수께서는 악하고 음란한 세대가 표적을 구하나 요나의 표적 밖에는 보여 줄 표적이 없다고 하시는데, 이 말씀은 요나처럼 예수님도 3일 동안 죽으셨다가 살아날 것을 암시한 대답이었습니다. 그러나 이 대답은 그들의 입장에서는 예수께서 그들에게 하늘로부터 오는 표적을 보여주시지 않은 것으로 이해되어지기에 예수께서는 그들을 떠나십니다.

2
바리새인과 사두개인들의
누룩을 주의하라

마태복음 16 : 5-12

제자들이 건너편으로 갈새 떡 가져가기를 잊었더니 예수께서 이르시되 삼가 바리새인과 사두개인들의 누룩을 주의하라 하시니 제자들이 서로 논의하여 이르되 2)우리가 떡을 가져오지 아니하였도다 하거늘 예수께서 아시고 이르시되 믿음이 작은 자들아 어찌 떡이 없으므로 서로 논의하느냐 너희가 아직도 깨닫지 못하느냐 떡 다섯 개로 오천 명을 먹이고 주운 것이 몇 바구니며 떡 일곱 개로 사천 명을 먹이고 주운 것이 몇 광주리였는지를 기억하지 못하느냐 어찌 내 말한 것이 떡에 관함이 아닌 줄을 깨닫지 못하느냐 오직 바리새인과 사두개인들의 누룩을 주의하라 하시니 그제서야 제자들이 떡의 누룩이 아니요 바리새인과 사두개인들의 교훈을 삼가라고 말씀하신 줄을 깨달으니라

기도 요점

예수께서 바리새인과 사두개인들의 누룩을 주의하라고 제자들에게 이르신 까닭은? 자신의 삶을 다스리는 가르침 혹은 교훈이 무엇인가를 성찰해 보십시오.

도움의 말

제자들이 예수님과 함께 마가단(마15장 39절)에서 건너편으로 갑니다. 그런데 그들이 예수께서 사천 명을 먹이시고 남은 떡 가져가기를 잊었습니다. 이를 알아차리신 예수께서 그들에게 삼가 바리새인과 사두개인들의 누룩을 주의하라 하시는데, 원래 누룩이 들어간 음식물은 본래의 상태에서 다른 상태로 변합니다. 이 말씀을 들은 제자들이 아차 우리가 그 떡을 가져오는 것을 잊었구나 라고 서로 말합니다. 그러자 예수께서 믿음이 작은 자들아 어찌 떡이 없으므로 서로 논의하느냐고 꾸짖으시면서 너희가 아직도 떡 다섯 개로 오

천 명을 먹이고 주운 것이 몇 바구니며 떡 일곱 개로 사천 명을 먹이고 주운 것이 몇 광주리였는지를 기억하지 못하고 깨닫지 못하느냐고 하십니다. 이어 예수께서는 어찌 내가 말한 것이 떡에 관함이 아닌 줄을 너희가 깨닫지 못하느냐고 하시며 오직 바리새인과 사두개인들의 누룩을 주의하라 이르십니다. 여기서 말하는 바리새인의 누룩이란 율법과 계명을 그들의 조상들의 유전에 따라 해석하며 이를 백성들에게 가르치는 당시 교권주의 자들의 잘못 된 교훈을 의미합니다. 이 같은 교훈은 당시 유대백성으로 하여금 예수님이 메시야이심을 부인하게 하였으며, 사두개인들의 누룩은 모세 오경 외의 모든 성경과 하나님의 예정을 부인하고 특히 사단의 실체와 부활교리를 부인하는 것이며, 개인의 자유를 극대화하여 지상 지향적 삶을 살게 하는 교훈입니다. 예수께서 말씀하시는 그들의 누룩을 이 같은 의미로 이해하고서야 제자들은 예수께서 말씀하신 누룩이란 떡의 누룩이 아니라 바리새인과 사두개인들의 교훈을 삼가라는 말씀인 것을 깨닫게 됩니다.

3

베드로가 예수를
그리스도로 고백하다

마태복음 16 : 13-16

예수께서 빌립보 가이사랴 지방에 이르러 제자들에게 물어 이르시되 사람들이 인자를 누구라 하느냐 이르되 더러는 세례 요한, 더러는 엘리야, 어떤 이는 예레미야나 선지자 중의 하나라 하나이다 이르시되 너희는 나를 누구라 하느냐 시몬 베드로가 대답하여 이르되 주는 그리스도시요 살아 계신 하나님의 아들이시니이다.

기도 요점

예수께서 제자들에게 너희는 나를 누구라 하느냐 라는 질문을 하시자 이에 대한 베드로의 대답은 무엇이었으며, 또한 그가 대답한 것의 의미는? 예수님을 그리스도로 믿는 자신의 신앙고백은 무엇이며, 또한 그 고백이 자신의 현재의 삶과 미래의 삶에 미치는 영향은?

도움의 말

예수께서 갈릴리 호수 북방 약 40km 지점, 헬몬산 기슭 해발 약 345m에 위치한 조용한 빌립보 가이사랴 지방에 이르시는데, 이곳 주민들은 주로 이방인으로서 우상숭배자들이었다고 합니다. 이 같은 우상의 땅에서 예수님은 제자들에게 사람들이 인자를 누구라 하느냐 라는 질문을 하십니다. 여기서 예수님은 자신을 인자라고 표현하시는데, 이는 다니엘 7장 13-14절의 말씀처럼 구약에서 예언하신 구원자이신 메시야 또는 하나님의 뜻을 이 땅에 실현하기 위하여 오신 이를 의미합니다. 예수님의 이 같은 질문은 사실 예수님을 누구라고 믿고 따르느냐는 질문이기 때문에 당시 제자들에게 질문하신 그 질문은 오늘날 우리에게도 똑같이 적용되는 질문입니다. 이 질문을 예수님으로부터 받은 제자들이 예수께 이르기를 사람들 가운데 더러는 세례요한, 더러는 엘리야, 어떤 이는 예레미야나 선지자 중의 하나라고 말한다고 합니다. 그러자 예수께서는 그러면 너희는 나를 누구라 하느냐 라고 묻습니다. 이에 시몬 베드로가 주는 그리스도시요 살아 계신 하나님의 아들이라고 대답합니다. 베드로의 이 대답은 주 예수님에 대한 고백 가운데 가장 핵심적인 신앙고백입니다. 이는 하나님의 아들이신 예수께서 이 땅에 오셔서 하나님과 인간 사이의 단절된 관계를 십자가 위에서 살이 찢기시고 피를 흘리시어 그 관계를 회복하신 그리스도를 구주로 믿는다는 신앙고백입니다. 이러한 신앙고백은 오늘날 우리 그리스도인 누구라도 고백하는 신앙고백입니다. 이 같은 우리의 신앙고백은 사실 우리의 현재의 삶과 미래의 삶을 영원히 결정 짓게 하는 고백인 것입니다.

4
시몬아 네가 복이 있도다

마태복음 16 : 17-20

예수께서 대답하여 이르시되 바요나 시몬아 네가 복이 있도다 이를 네게 알게 한 이는 혈육이 아니요 하늘에 계신 내 아버지시니라 또 내가 네게 이르노니 너는 베드로라 내가 이 반석 위에 내 교회를 세우리니 음부의 권세가 이기지 못하리라 내가 천국 열쇠를 네게 주리니 네가 땅에서 무엇이든지 매면 하늘에서도 매일 것이요 네가 땅에서 무엇이든지 풀면 하늘에서도 풀리리라 하시고 이에 제자들에게 경고하사 자기가 그리스도인 것을 아무에게도 이르지 말라 하시니라

기도 요점

예수께서 베드로의 신앙고백을 들으시고 바요나 시몬아 네가 복이 있다고 말씀하시고 이어서 두 가지 약속의 말씀을 하시는데, 그 두 가지 말씀은 무엇입니까? 그리고 마지막으로 한 가지를 경고하시는데, 그 경고의 말씀은 무엇입니까?

도움의 말

주는 그리스도시요 살아 계신 하나님의 아들이라는 시몬 베드로의 신앙고백을 들으시고 예수께서 그에게 바요나 시몬아 네가 복이 있다고 말씀하십니다. 이는 하나님의 축복을 선언한 말씀이면서 동시에 그에게 이 같은 신앙고백을 하게 한 분이 바로 예수님을 이 땅에 보내신 하늘에 계신 내 아버지이시라는 말씀입니다. 이 말씀과 더불어 예수께서는 베드로에게 두 가지 약속의 말씀과 한 가지 경고의 말씀을 하십니다. 두 가지 약속 가운데 하나는 너는 베드로라 내가 이 반석 위에 내 교회를 세우리니 음부의 권세가 이기지 못하리라는 말씀입니다. 교회의 기초는 예수 그리스도와(고전 3:11) 모든 신앙 고백자 위에 세워지는데(갈 2:9;엡 2:29;벧전 2:5), 이것이 바로 예수 그

리스도께 속한 교회를 뜻합니다. 이 교회는 예수 그리스도의 죽으심과 부활하심으로 산출되어서 다시 몸 된 교회의 머리가 되시는 예수 그리스도와 한 몸이 되어 예수 그리스도에게 예속됩니다.(엡 5:22-32). 이런 의미의 교회는 세상에서부터 하나님의 나라 가운데로 부르심을 입은 자들로 구성되는데(요 1:16,19.), 이 교회는 음부의 권세가 이기지 못합니다. 여기서 음부는 히브리어로 선인과 악인이 구분 없이 들어가는 '죽은 자의 영역'이란 뜻의 '스올'과 같은 뜻으로 사용되었다고 합니다. 히브리인들의 전승에 따르면 이곳은 어둡고 소외된 장소로서 매우 높고 단단한 성벽과 문으로 둘러 쳐져 있기 때문에 인간을 한 번 받아들이면 다시는 내어 보내지 않는다고 합니다. 그리고 '권세'란 문자적으로 '대문'이란 뜻인데, '음부의 권세'란 '음부의 문'이라는 의미로서, 음부로 들어가는 문에는 항상 죽음이 따르게 되므로 이는 사망과 임종을 의미한다고 합니다. 그러므로 '사망의 권세가 이기지 못하리라'고 표현한 것이며, 이러한 죽음의 세력이 교회의 한 부분도 이길 수 없거나, 비록 잠시 이긴다 하더라도 곧 패망하여 영원히 굴복할 것이라는 것을 강하게 의미합니다.

실제로 오순절 성령 강림으로 설립된 그리스도의 교회는 육체적 사망의 권세 아래 놓일 수 없습니다. 왜냐하면 그리스도께서 '죽음의 문'을 깨뜨리시고 죽음의 정복자로서(롬 6:9;계 1:18) 군림하시기 때문이며, 죽음을 물리치시고 부활하신 그리스도께서는 영원히 생존하셔서 모든 성도들의 부활의 보증(保證)이 되실 뿐 아니라 교회의 영속성의 영원한 지지자(支持者)가 되시기 때문입니다(고전 15:50-58). 다른 하나는 내가 천국 열쇠를 네게 주리니 네가 땅에서 무엇이든지 매면 하늘에서도 매일 것이요 네가 땅에서 무엇이든지 풀면 하늘에서도 풀리리라는 말씀입니다. 여기서 천국 열쇠를 네게 주리니 라는 말씀은 이사야 22장 22절에서 유래한 내용으로서 그곳에는 다윗의 후손으로 오실 메시아의 절대 주권을 예언하고 있습니다(계 3:7). 그리고 '열쇠'는 청지기로 임명된 자에게 주어지는 것으로서 창고관리에 대한 전권(全權)을 위임하는 표식으로서 문을 열고 닫을 수 있는 권위를 상징한다고 합니다. 그리고 '천국'은 지금까지 이야기되고 있는 교회, 곧 광의적인 의미에서의 그리스도 교회를 가리키므로 예수께서는 바른 신앙 고백을 한 베드로에게 장차 세워질 교회에서 이러한 특별 권한을 부여하시겠다는 약속을 하십니다. 이 약속의 말씀은 천국의 원소유자이신 예수께서 인간에게 위탁하신 '천국의 열쇠'는 사도들을 위시한 이 땅의 모든 교회들이 하나님의 인정과 함께 자신들의 사역을 수행하고 그 권위를 세우는 데 있어서 필수적입니다.

마지막으로 예수께서는 제자들에게 경고하시기를 자기가 그리스도인 것을 아무에게도 이르지 말라 하십니다. 이 같이 예수께서 '그리스도', 곧 메시야라는 사실이 베드로에 의해 고백되었음에도 불구하고 이를 아무에게도 말하지 말라 하십니다. 당시 베드로가 하나님 아버지에 의하여 예수께 대한 신앙 고백을 하였다 하더라도 제자들은 아직 예수의 고난 받는 메시야를 완전히 이해하지 못하였고, 또한 메시야 도래의 선포자로서의 역할을 담당하기에는 여전히 부족했기에 이러한 경고를 그들에게 하신 것으로 봅니다. 실제로 제자들은 예수의 십자가, 부활 사건을 직접 목격하고서야 비로소 예수의 사역의 본질과 예수님이 가르치신 천국을 바르게 이해하고 전파할 수 있었습니다.

5
죽음과 부활을
처음으로 이르시다

마태복음 16 : 21-24

이때로부터 예수 그리스도께서 자기가 예루살렘에 올라가 장로들과 대제사
장들과 서기관들에게 많은 고난을 받고 죽임을 당하고 제삼일에 살아나야 할
것을 제자들에게 비로소 나타내시니 베드로가 예수를 붙들고 항변하여 이르
되 주여 그리 마옵소서 이 일이 결코 주께 미치지 아니하리이다 예수께서 돌
이키시며 베드로에게 이르시되 사탄아 내 뒤로 물러 가라 너는 나를 넘어지게
하는 자로다 네가 하나님의 일을 생각하지 아니하고 도리어 사람의 일을 생각
하는도다 하시고 이에 예수께서 제자들에게 이르시되 누구든지 나를 따라오
려거든 자기를 부인하고 자기 십자가를 지고 나를 따를 것이니라

기도 요점

예수께서 처음으로 자신이 예루살렘으로 올라가시어 장로들과 대제사장들
과 서기관들에게 많은 고난을 받고 죽임을 당하고 제 삼일에 살아나야 할 것
을 제자들에게 비로소 나타냅니다. 이에 대한 제자들, 특히 베드로의 반응
은? 베드로의 이 같은 반응을 보시고 예수께서 그와 함께 다른 제자들에게
주신 말씀들은?

도움의 말

베드로가 예수님은 그리스도와 하나님의 아들이라는 고백을 한 때부터 예수
그리스도께서는 제자들에게 세 가지 말씀을 하십니다. 첫째는 예루살렘에 올
라가신다는 말씀입니다. 율법을 완성하시려 오신 예수님은 구약율법교육과
종교예식의 중심지인 예루살렘으로 올라가시는 것은 그곳에서 고난 받고 죽
으시기 위해서입니다. 사실 예수께서 예루살렘에 올라 가셔야만 하셨던 것
은 이것이 바로 구약 선지자들의 예언이며, 하나님의 뜻이기 때문입니다. 둘

째는 예루살렘에서 장로들과 대제사장들과 서기관들에게 많은 고난을 받고 죽임을 당하신다는 말씀입니다. 이들은 산헤드린 공회를 구성하고 있는 이들로서 이스라엘의 사회와 종교를 대변하는 사람들입니다. 이들에 의하여 예수께서 많은 고난을 받고 죽임을 당하실 것이라고 말씀하십니다. 이는 하나님을 믿지 않고 알지 못할 뿐만 아니라 사랑하지 아니하는 인간의 죄를 대속하시기 위하여 죽으실 것을 말씀하시는 것입니다. 셋째는 죽임을 당하고 제 삼일에 살아나야 할 것을 제자들에게 처음으로 나타내십니다. 예수님의 대속적인 희생의 죽으심에서 우리는 인간의 죄를 대신 감당하신 희생과 사랑의 복음을 감지 할 수 있습니다. 그렇지만, 죽으신 후 제 삼일에 살아나심으로 말미암아 우리는 죄로부터 구원과 승리의 복음을 감지할 수 있습니다. 여기까지 예수님의 말씀을 듣고 있던 베드로가 예수를 붙들고 주여 그리 마옵소서 이 일이 결코 주께 미치지 아니할 것이라고 말씀드립니다. 이에 예수께서 돌이키시며 베드로에게 세 가지 말씀으로 야단을 치십니다. 첫째는 사탄아 내 뒤로 물러가라 너는 나를 넘어지게 하는 자라는 말씀입니다. 이는 사단이 베드로를 통하여 예수님을 넘어지게 하신다는 말씀입니다. 그러므로 예수님은 그에게 자기를 따르는 제자는 그의 뜻을 거스리거나 혹은 그의 뜻을 이루는데 있어서 장애가 될 수 없다는 것을 분명하게 말씀해 주십니다. 둘째는 네가 하나님의 일을 생각하지 아니하고 도리어 사람의 일을 생각한다는 말씀입니다. 이는 베드로가 하나님께서 이미 그 아들 예수님을 이 땅에 보내시어 계획하신 바대로 예수께서 예루살렘에 올라가시어 수난 받고 죽으셔야 되는 하나님의 일은 생각하지 아니하고 오로지 예수께서 고난 받으실 예루살렘으로는 올라가지 아니하셔야 된다는 사람의 일만 생각한다고 나무라신 말씀입니다. 셋째는 누구든지 나를 따라오려거든 자기를 부인하고 자기 십자가를 지고 나를 따를 것이라는 말씀입니다. 누구든지 예수님을 따르는 제자들은 내적으로는 자기를 부인하고 외적으로는 예수님을 따르는데 있어서 제자로서 직면할 수 밖에 없는 역경가운데서도 감사한 마음으로 순종하는 사람이어야 한다는 말씀입니다. 그러므로 예수님은 그에게 자기를 따르는 제자는 그의 뜻을 거스리거나 혹은 그의 뜻을 이루는데 있어서 장애가 될 수 없다는 것을 분명하게 말씀해 주십니다.

6
나를 위하여 제 목숨을
잃으면 찾으리라

마태복음 16 : 25-28

누구든지 제 목숨을 구원하고자 하면 잃을 것이요 누구든지 나를 위하여 제 목숨을 잃으면 찾으리라 사람이 만일 온 천하를 얻고 제 목숨을 잃으면 무엇이 유익하리요 사람이 무엇을 주고 제 목숨과 바꾸겠느냐 인자가 아버지의 영광으로 그 천사들과 함께 오리니 그 때에 각 사람이 행한 대로 갚으리라 진실로 너희에게 이르노니 여기 서 있는 사람 중에 죽기 전에 인자가 그 왕권을 가지고 오는 것을 볼 자들도 있느니라

기도 요점

예수께서 제자들에게 누구든지 제 목숨을 구원하고자 하면 잃을 것이요 누구든지 나를 위하여 제 목숨을 잃으면 찾으리라고 말씀하시는데, 이 말씀의 의미는? 인자가 아버지의 영광으로 그 천사들과 함께 오리니 그 때에 각 사람이 행한 대로 갚으리라는 예수님의 말씀을 묵상하십시오.

도움의 말

누구든지 제 목숨을 구원하고자 하면 잃을 것이지만, 누구든지 나를 위하여 제 목숨을 잃으면 찾을 것이라고 예수께서 제자들에게 말씀하신다. 여기서 말하는 목숨이란 영혼, 생명을 의미하는데, 이는 단순히 육체적 생명만 아니라 사람의 영혼과 인격 모두를 포함합니다. 그러므로 사람이 제 목숨을 구원한다는 것은 자신의 육체적 생명과 인격을 보존하고자 하는 것을 뜻합니다. 그렇기 때문에 제 목숨을 구원하는 사람은 자기 자신을 부인할 수가 없는 것입니다. 그래서 예수께서는 나를 위하여 제 목숨을 잃으면 찾을 것이라고 말씀하십니다. 이는 예수님을 위하여 자기를 버리고 자기 목숨을 잃게 되면 종말에 영원한 생명을 맛보게 될 것이라는 말씀입니다. 이런 의미에서 예수님

을 따르는 제자는 영원한 생명을 위하여 이 땅에서 자신의 목숨을 잃는 자리에까지 나갈 수 있는 신앙을 소유한 자이어야 한다고 말할 수 있습니다. 이 말씀을 하신 후 예수께서 제자들에게 세 가지 말씀을 더 하십니다. 첫째는 사람이 만일 온 천하를 얻고도 제 목숨을 잃으면 무엇이 유익하리요 사람이 무엇을 주고 제 목숨과 바꾸겠느냐는 말씀입니다. 다른 말로 표현하면, 이는 이 땅에 살면서 얻을 수 있는 모든 것을 다 얻었다 하더라도 하나님 안에서의 생명을 잃어버린다면 그것이 무슨 소용이 있겠느냐는 말씀입니다. 둘째는 인자가 아버지의 영광으로 그 천사들과 함께 오리니 그 때에 각 사람이 행한 대로 갚을 것이라는 말씀입니다. 예수께서는 앞으로 있을 자신의 재림과 심판 시 심판의 대행자들인 예수님의 사자들, 즉 천사들과 함께 오시어 각 사람이 행한 대로 갚을 것이므로 제자들에게 자기를 부인하고 예수님을 따를 것을 권고하십니다. 셋째는 제자들에게 여기 서 있는 사람 중에 죽기 전에 인자가 그 왕권을 가지고 오는 것을 볼 자들도 있다는 말씀입니다. 여기서 인자이신 예수님의 오심과 예수님의 왕권이 강조되는데, 이는 임박하게 다가오는 예수님의 수난과 그리고 그의 제자들 각자에게 임한 수난 앞에서도 두려움 없이 예수님을 따르는 제자로서의 길을 걸어가도록 권면하시는 말씀입니다.

7
영광스러운 모습으로
변형되신 예수님

마태복음 17 : 1-8

엿새 후에 예수께서 베드로와 야고보와 그 형제 요한을 데리시고 따로 높은 산에 올라가셨더니 그들 앞에서 변형되사 그 얼굴이 해 같이 빛나며 옷이 빛과 같이 희어졌더라 그 때에 모세와 엘리야가 예수와 더불어 말하는 것이 그들에게 보이거늘 베드로가 예수께 여쭈어 이르되 주여 우리가 여기 있는 것이 좋사오니 만일 주께서 원하시면 내가 여기서 초막 셋을 짓되 하나는 주님을 위하여, 하나는 모세를 위하여, 하나는 엘리야를 위하여 하리이다 말할 때에 홀연히 빛난 구름이 그들을 덮으며 구름 속에서 소리가 나서 이르시되 이는 내 사랑하는 아들이요 내 기뻐하는 자니 너희는 그의 말을 들으라 하시는지라 제자들이 듣고 엎드려 심히 두려워말라 하시니 제자들이 눈을 들고 보매 오직 예수 외에는 아무도 보이지 아니하더라

기도 요점

얼굴이 해 같이 빛나며 옷이 빛과 같이 희어지신 예수님의 변형된 모습 및 모세와 엘리야가 예수님과 더불어 말하는 것을 본 제자들 가운데 베드로가 예수님께 여쭈어 본 말은? 베드로가 예수님께 여쭈어 볼 때 홀연히 빛난 구름이 그들을 덮으며 구름 속으로부터 제자들이 들은 소리는?

도움의 말

예수님의 수난 예고와 도래할 심판에 관한 말씀을 제자들에게 하신 엿새 후, 예수께서 베드로와 야고보와 그 형제 요한을 데리시고 따로 높은 산에 올라가셨습니다. 그곳에서 예수님께서 그들 앞에서 변형되사 그 얼굴이 해 같이 빛나며 옷이 빛과 같이 희어졌는데, 그 때에 모세와 엘리야가 예수와 더불어 말하는 것이 그들에게 보였습니다. 이에 베드로가 예수께 주여 우리가 여기

있는 것이 좋사오니 만일 주께서 원하시면 내가 여기서 초막 셋을 짓되 하나는 주님을 위하여, 하나는 모세를 위하여, 하나는 엘리야를 위하여 한다고 말씀드립니다. 그가 이 말을 할 때에 홀연히 빛난 구름이 그들을 덮으며 구름 속에서 이는 내 사랑하는 아들이요 내 기뻐하는 자니 너희는 그의 말을 들으라는 소리를 듣습니다. 이 소리를 들은 제자들이 엎드려 심히 두려워합니다. 그때 예수께서 나아와 그들에게 손을 대시며 이르시되 일어나라 두려워하지 말라 하시니 제자들이 눈을 들고 보는데, 그곳에는 오직 예수님 외에는 아무도 보이지 아니하였습니다.

8
엘리야가 이미 왔으되
사람들이 알지 못하고 임의로 대우하였도다

마태복음 17 : 9-13

그들이 산에서 내려올 때에 예수께서 명하여 이르시되 인자가 죽은 자 가운데서 살아나기 전에는 본 것을 아무에게도 이르지 말라 하시니 제자들이 물어 이르되 그러면 어찌하여 서기관들이 엘리야가 먼저 와야 하리라 하나이까 예수께서 대답하여 이르시되 엘리야가 과연 먼저 와서 모든 일을 회복하리라 내가 너희에게 말하노니 엘리야가 이미 왔으되 사람들이 알지 못하고 임의로 대우하였도다 인자도 이와 같이 그들에게 고난을 받으리라 하시니 그제서야 제자들이 예수께서 말씀하신 것이 세례 요한인 줄을 깨달으니라

기도 요점

베드로와 야고보와 그 형제 요한이 변화 산에서 내려올 때에 예수께서 그들에게 인자가 죽은 자 가운데서 살아나기 전에는 그 산에서 본 것을 아무에게도 이르지 말라 하시는데, 그 까닭은? 제자들이 예수님께 그러면 어찌하여 서기관들이 엘리야가 먼저 와야 하리라 하나이까 라고 질문하는데, 이 질문의 의미는? 그리고 이 질문에 대한 예수님의 대답은?

도움의 말

베드로와 야고보와 그 형제 요한이 변화 산에서 내려올 때에 예수께서 그들에게 인자가 죽은 자 가운데서 살아나기 전에는 그 산에서 본 것을 아무에게도 이르지 말라 하십니다. 이에 제자들이 예수님께 그러면 어찌하여 서기관들이 엘리야가 먼저 와야 하리라 하느냐고 묻습니다. 그들이 이 질문을 하게 된 데는 당시 서기관들은 말라기 3장 1절(만군의 여호와가 이르노라 보라 내가 내 사자를 보내리니 그가 내 앞에서 길을 준비할 것이요 또 너희가 구하는 바 주가 갑자기 그의 성전에 임하시리니 곧 너희가 사모하

는 바 언약의 사자가 임하실 것이라)과 4장 5절(보라 여호와의 크고 두려운 날이 이르기 전에 내가 선지자 엘리야를 너희에게 보내리니)의 말씀에 근거하여 메시야가 오시기 전에 엘리야가 먼저 온다고 주장했었다고 합니다. 그렇기 때문에 제자들의 그 질문은 엘리야가 먼저 출현하지 않았는데 어떻게 예수님을 메시야로 인정할 수가 있느냐는 질문이기도 되며, 또한 만약 예수께서 메시야이시면 당연히 세상에 나가서 변화 산상에서 그들이 보았던 것을 알려야 될 텐데 어찌하여 제자들로 하여금 이에 대하여 함구하라고 하시는지 그들은 이해가 되지 않았던 것입니다. 이러한 그들의 마음을 간파하신 예수께서 그들에게 엘리야가 이미 왔으되 사람들이 알지 못하고 임의로 대우하였다고 대답하십니다. 그리고 인자이신 예수님도 이와 같이 서기관들에게 고난을 받은 것이라고 제자들에게 말씀해 주십니다. 그제서야 제자들은 예수께서 말씀하신 엘리야가 이미 왔다는 것이 바로 세례 요한인 줄을 깨닫게 됩니다.

9
귀신 들린 아이를
고치시는 예수님

마태복음 17 : 14-21

그들이 무리에게 이르매 한 사람이 예수께 와서 꿇어 엎드려 이르되 주여 내 아들을 불쌍히 여기소서 그가 간질로 심히 고생하여 자주 불에도 넘어지며 물에도 넘어지는지라 내가 주의 제자들에게 데리고 왔으나 능히 고치지 못하더이다 예수께서 대답하여 이르시되 믿음이 없고 패역한 세대여 내가 얼마나 너희와 함께 있으며 얼마나 너희에게 참으리요 그를 이리로 데려오라 하시니라 이에 예수께서 꾸짖으시니 귀신이 나가고 아이가 그 때부터 나으니라 이 때에 제자들이 조용히 예수께 나아와 이르되 우리는 어찌하여 쫓아내지 못하였나이까 이르시되 너희 믿음이 작은 까닭이니라 진실로 너희에게 이르노니 만일 너희에게 믿음이 겨자씨 한 알 만큼만 있어도 이 산을 명하여 여기서 저기로 옮겨지라 하면 옮겨질 것이요 또 너희가 못할 것이 없으리라 (없음)

기도 요점

예수께서 귀신들린 아이를 치유하시자, 이때에 제자들이 예수께 나아와 우리는 어찌하여 쫓아내지 못하였습니까? 라고 질문합니다. 이 질문에 대한 예수님의 대답은? 그리고 예수께서 제자들에게 이르시기를 만일 너희에게 믿음이 겨자씨 한 알 만큼만 있어도 이 산을 명하여 여기서 저기로 옮겨지라 하면 옮겨질 것이요 또 너희가 못할 것이 없으리라고 하시는데, 이 말씀의 의미는?

도움의 말

예수님과 제자들이 무리에게 이르게 됩니다. 이때 한 사람이 예수께 와서 꿇어 엎드리며 말하기를 주여 내 아들을 불쌍히 여겨 달라고 호소합니다. 왜냐하면 그의 아들이 간질로 심히 고생하여 자주 불에도 넘어지며 물에도 넘어진다고 예수님께 말하는데, 이는 간질병 환자의 갑작스런 발작 때문에 일어나는 불가항력적인 위험성을 말한 것입니다. 사실 그 사람은 예수님의 제자들에게로 그의 아들을 데리고 왔으나 능히 고치지 못하였다는 사실을 예수께 또한 보고합니다. 이에 예수께서 이르시기를 믿음이 없고 패역한 세대여 내가 얼마나 너희와 함께 있으며 얼마나 너희에게 참으리요 라고 하시며 그를 이리로 데려오라 하십니다. 이에 예수께서 꾸짖으시니 귀신이 나가고 아이가 그때부터 치유되었는데, 바로 이 때에 제자들이 조용히 예수께 나아와 우리는 어찌하여 쫓아내지 못하였나이까 라고 여쭙니다. 이에 예수님은 너희 믿음이 작은 까닭이라고 대답하시면서 진실로 너희에게 만일 믿음이 겨자씨 한 알 만큼만 있어도 이 산을 명하여 여기서 저기로 옮겨지라 하면 옮겨질 것이요 또 너희가 못할 것이 없을 것이라고 말씀하신다. 겨자씨는 보통 씨앗 가운데서도 가장 작다고 합니다. 그러나 당시 팔레스틴 지방 또는 지중해 연안 등지에서 그 씨를 심으면 최대로 약 3-4.5m의 큰 나무로 자란다고 합니다. 그러므로 이 겨자 씨 비유는 겨자씨 한 알 만큼의 아주 적은 믿음이라할지라도 그만큼의 믿음만 있으면 반드시 믿음의 능력으로 병든 자를 치유할 수 있다는 말씀입니다.

10
제자들에게 자신의 죽음과 부활을 다시 이르시는 예수님

마태복음 17 : 22-23

갈릴리에 모일 때에 예수께서 제자들에게 이르시되 인자가 장차 사람들의 손에 넘겨져 죽임을 당하고 제 삼일에 살아나리라 하시니 제자들이 매우 근심하더라

기도 요점

예수께서 갈릴리에 모일 때에 제자들에게 인자가 장차 사람들의 손에 넘겨져 죽임을 당하고 제 삼일에 살아나리라는 말씀을 또 하십니다. 이 말씀을 듣고 그들이 매우 근심한 까닭은? 갈릴리에서 예수님의 말씀을 듣고 매우 근심하는 당시 제자들을 상상해 보십시오.

도움의 말

예수께서 다시 갈릴리 지역, 즉 헤롯의 영지에 접근해 오셨습니다. 갈릴리 지역은 북쪽으로 헬몬산 근방에 위치한 티타니(레오테스)강, 서쪽으로 갈멜산을 중심으로 한 지중해 연안, 남쪽으로 에스드렐론 평원, 동쪽으로는 요단강과 갈릴리 호수 등으로 구성된 남북 약 96km, 동서 약 48km에 이르는 거대한 지역이라고 합니다. 예수께서는 예루살렘으로 가시기 위하여 헬몬산 아래에서 갈릴리 호수 근처에 있는 가버나움 지방으로 오십니다(마 17:24). 이곳에서 예수님은 제자들에게 인자가 장차 사람들의 손에 넘겨져 죽임을 당하고 제 삼일에 살아나리라는 말씀을 두 번째로 하십니다. 이 같은 예수님의 말씀을 들은 제자들이 매우 근심하는데, 그 까닭은 예수님의 수난예고 소식을 듣고 너무 근심이 되므로 그들은 죽임을 당하고 제 삼일에 살아나리라는 소식에 마음을 쓸 여유가 없었기 때문입니다. 사실 그들은 부활하신 예수님을 만나고 나서야 비로소 예수님의 죽으심이 그들을 비롯한 인간의 죄를 대속하시는 의미가 있다는 것을 이해할 수 있었습니다.

11
성전 세를 내시는 예수님

마태복음 17 : 24-27

가버나움에 이르니 반 세겔 받는 자들이 베드로에게 나아와 이르되 너의 선생은 반 세겔을 내지 아니하느냐 이르되 내신다 하고 집에 들어가니 예수께서 먼저 이르시되 시몬아 네 생각은 어떠하냐 세상 임금들이 누구에게 관세와 국세를 받느냐 자기 아들에게냐 타인에게냐 베드로가 이르되 타인에게니이다 예수께서 이르시되 그렇다면 아들들은 세를 면하리라 그러나 우리가 그들이 실족하지 않게 하기 위하여 네가 바다에 가서 낚시를 던져 먼저 오르는 고기를 가져 입을 열면 돈 한 세겔을 얻을 것이니 가져다가 나와 너를 위하여 주라 하시니라

기도 요점

이스라엘 백성에게 있어서 성전 세란 무엇이며, 예수님 당시의 성전 세가 오늘날 우리 그리스도인들에게 주는 의미는?

도움의 말

예수님 일행이 갈릴리 호수 서북쪽에 있는 가버나움에 이르니 반 세겔 받는 이들이 베드로에게 나옵니다. 여기서 반 세겔은 로마에 내는 공공의 세금이라기보다는 당시 이스라엘의 성전의 유지를 위하여 거두었던 성전 세입니다. 반 세겔을 거두는 이들은 당시 국세를 거두는 세리들과는 다르다고 합니다. 반 세겔은 유대인들이 출애굽한 후, 시내 산에서 인구조사를 한 직후에 모든 유대인 남자들이 내었던 생명의 속전, 즉 애굽에서 건져주신 생명의 대가를 여호와께 바쳤던 양과 같다고 합니다. 이것은 선민 이스라엘에게는 의무적으로 부과되었다고 합니다. 시간이 지나면서 그 의무의 양은 조정되었지만 예수님 당시에도 성전 세를 내었는데, 당시에는 반 세겔을 바꾸려는 환전 상인들이 많이 있었다고 합니다. 반 세겔 받는 자들이 베드로에게 나아와 너의 선

생은 반 세겔을 내지 아니하느냐고 묻습니다. 이에 베드로가 내신다 하고 집에 들어가는데, 예수께서 먼저 아시고 이르시기를 시몬아 네 생각은 어떠하냐 세상 임금들이 누구에게 관세와 국세를 받느냐 자기 아들에게냐 타인에게냐 라고 묻습니다. 그러자 베드로가 타인에게서 받는다고 대답합니다. 그의 대답을 들으시고 예수께서 이르시기를 그렇다면 아들들은 세를 면할 것이라고 말씀하십니다. 이어서 예수께서는 그러나 우리가 그들이 실족하지 않게 하기 위하여 베드로 네가 바다에 가서 낚시를 던져 먼저 오르는 고기를 가져 입을 열면 돈 한 세겔을 얻을 것이니 이를 가져다가 나와 너를 위하여 성전 세를 받는 이에게 주라고 하십니다. 이와 같이하여 예수님과 베드로가 각자의 성전 세를 반 세겔 씩 내게 되었지만, 사실 예수께서는 근본 하나님의 아들로서 하나님과 동등한 권위를 지니신 분이므로 성전 세를 내지 않으셔도 됨에도 불구하고 내신 것입니다. 그러나 베드로는 근본적으로 죄인인 인간이므로 사망에 처한 자이기에 생명의 속전 곧 성전 세를 내야 되는 사람입니다.

12
천국에서는 누가 큽니까

마태복음 18 : 1-4

그 때에 제자들이 예수께 나아와 이르되 천국에서는 누가 크니이까 예수께서 한 어린 아이를 불러 그들 가운데 세우시고 이르시되 진실로 너희에게 이르노니 너희가 돌이켜 어린 아이들과 같이 되지 아니하면 결단코 천국에 들어가지 못하리라 그러므로 누구든지 이 어린 아이와 같이 자기를 낮추는 사람이 천국에서 큰 자니라

기도 요점

천국에서는 누가 크냐고 예수님께 질문하는 당시 제자들을 상상해 보십시오. 예수께서 그들의 질문에 어린 아이들과 같이 되지 아니하면 결단코 천국에 들어가지 못하리라 그러므로 누구든지 이 어린 아이와 같이 자기를 낮추는 사람이 천국에서 큰 자라고 대답하시는데, 이 대답의 의미는?

도움의 말

마태복음에서는 예수께서 가버나움의 한 집에 계시고 반 세겔의 성전 세를 내신 그 때에 제자들이 예수께 나아와 천국에서는 누가 크냐고 묻습니다. 그렇지만 마가복음 9장에 보면, 가버나움에 이르러 예수께서 집에 계실 때 그들에게 너희가 길에서 서로 토론 한 것이 무엇이냐 하고 묻습니다. 그러나 그들이 잠잠하고 아무 대답도 못하는데, 그 까닭은 길에서 그들이 서로 누가 크냐 하고 쟁론하였기 때문입니다. 어찌됐든 천국에서 누가 크냐는 제자들의 질문에 예수께서는 한 어린 아이를 불러 그들 가운데 세우시고 이르시기를 진실로 너희가 돌이켜 어린 아이들과 같이 되지 아니하면 결단코 천국에 들어가지 못할 것이라고 말씀하십니다. 예수님 당시 어린 아이는 여자들과 함께 그 집의 가장의 재산 일뿐 결코 사람으로 대접을 받지 못하였음에도 불구하고 예수께서는 어린 아이와 같이 되어야 천국에서 큰 자라고 그들의 질문에 대답하신다.

이 같이 어린 아이의 겸손이란 아이는 원래 연약하여 혼자의 힘으로 살 수 없기 때문에 부모의 보호와 돌봄 안에서만 평안하게 살 수 있는 것처럼 하나님의 뜻에 순종하기를 즐거워하며 하나님의 보호아래서만 살기를 원하는 겸손한 사람이 천국에서 큰 사람이라고 예수께서 말씀하십니다.

13
소자를 실족하게
한 사람의 화

마태복음 18 : 5-9

또 누구든지 내 이름으로 이런 어린 아이 하나를 영접하면 곧 나를 영접함이니 누구든지 나를 믿는 이 작은 자 중 하나를 실족하게 하면 차라리 연자 맷돌이 그 목에 달려서 깊은 바다에 빠뜨려지는 것이 나으니라 실족하게 하는 일들이 있음으로 말미암아 세상에 화가 있도다 실족하게 하는 일이 없을 수는 없으나 실족하게 하는 그 사람에게는 화가 있도다 만일 네 손이나 네 발이 너를 범죄하게 하거든 찍어 내버리라 장애인이나 다리 저는 자로 영생에 들어가는 것이 두 손과 두 발을 가지고 영원한 불에 던져지는 것보다 나으니라 만일 네 눈이 너를 범죄하게 하거든 빼어 내버리라 한 눈으로 영생에 들어가는 것이 두 눈을 가지고 지옥 불에 던져지는 것보다 나으니라

기도 요점

예수께서 누구든지 내 이름으로 이런 어린 아이 하나를 영접하면 곧 나를 영접함이라고 말씀하시는데, 이 말씀이 자신에게 주는 의미는? 어린 아이 중 하나를 실족하게 하는 일로 말미암아 세상에 화가 있다는 예수의 말씀을 묵상하십시오. 또한 소자를 실족하게 하는 그 사람에게는 화가 있다고 말씀하시면서 만일 이 같은 생각이 일어날 때 이를 잘라버리라는 의미의 비유를 두 가지로 말씀하시는데, 그 비유는 무엇이며, 또한 그 비유의 의미는?

도움의 말

예수께서 어린 아이와 관련하여 두 가지 말씀을 제자들에게 하십니다. 하나는 누구든지 예수님의 이름으로 이런 어린 아이 하나를 영접하면 곧 나를 영접함이라는 말씀입니다. 다른 하나는 누구든지 예수님을 믿는 이 작은 자 중 하나를 실족하게 하면 차라리 연자 맷돌이 그 목에 달려서 깊은 바다에 빠뜨

려지는 것이 나을 것이라는 말씀입니다. 이 두 말씀 모두는 예수님의 이름으로 어린 아이를 영접하고 실족하게 하지 말라는 말씀입니다. 그리고 이어서 예수께서는 이 같이 실족하게 하는 일들이 있음으로 말미암아 세상에 화가 있다고 말씀하시면서 이처럼 실족하게 하는 일이 세상에 없을 수는 없지만 실족하게 하는 그 사람에게는 화가 있다고 말씀하십니다. 그렇기 때문에 만일 소자 하나를 실족하게 하려는 생각이 들 경우, 이를 단호하게 잘라내야 된다는 것을 강조하시기 위하여 비유 두 가지를 말씀하십니다. 하나는 만일 네 손이나 네 발이 너를 범죄 하게 하거든 찍어 내버리라 장애인이나 다리 저는 자로 영생에 들어가는 것이 두 손과 두 발을 가지고 영원한 불에 던져지는 것보다 낫다는 비유입니다. 다른 하나는 만일 네 눈이 너를 범죄 하게 하거든 빼어 내버리라 한 눈으로 영생에 들어가는 것이 두 눈을 가지고 지옥 불에 던져지는 것보다 낫다는 비유입니다. 이 두 가지 비유는 모두 죄를 지은 사람이 영원히 고통당하게 될 것을 말씀해 주시는 비유입니다.

14
이 작은 자 중의 하나라도 잃는 것은
하늘에 계신 아버지의 뜻이 아니니라

마태복음 18 : 10-14

삼가 이 작은 자 중의 하나도 업신여기지 말라 너희에게 말하노니 그들의 천사들이 하늘에서 하늘에 계신 내 아버지의 얼굴을 항상 뵈옵느니라 (없음) 너희 생각에는 어떠하냐 만일 어떤 사람이 양 백 마리가 있는데 그 중의 하나가 길을 잃었으면 그 아흔아홉 마리를 산에 두고 가서 길 잃은 양을 찾지 않겠느냐 진실로 너희에게 이르노니 만일 찾으면 길을 잃지 아니한 아흔아홉 마리보다 이것을 더 기뻐하리라 이와 같이 이 작은 자 중의 하나라도 잃는 것은 하늘에 계신 너희 아버지의 뜻이 아니니라

기도 요점

예수께서 이 작은 자 중의 하나라도 잃는 것은 하늘에 계신 내 아버지의 뜻이 아니라고 말씀하시면서 길을 잃은 한 마리 양을 찾기 위하여 길을 잃지 아니한 아흔 아홉 마리를 산에 두고 가는 주인을 비유로 말씀하시는데, 이 비유를 통하여 예수께서 우리에게 알게 하신 하나님 아버지의 뜻은?

도움의 말

예수께서 제자들에게 삼가 이 작은 자 중의 하나도 업신여기지 말라고 하십니다. 왜냐하면 그들의 천사들이 하늘에서 하늘에 계신 내 아버지의 얼굴을 항상 뵙기 때문이라고 예수께서 말씀하시는데, 천사들은 성도들을 섬기도록 보냄을 받은 영적실존으로서 현재 하늘에서 하나님 가까이 있는 것으로서 표현된다고 합니다. 그러므로 아무리 작은 자라하더라도 그 소자는 하나님의 자녀의 권세를 소유하고 있기 때문에 절대로 업신여김을 받을 수 없습니다. 이어서 예수께서는 이 작은 자 중의 하나라도 잃는 것은 하늘에 계신 아버지의 뜻이 아니라고 단호하게 말씀하십니다. 이 말씀과 관련하여 예수께서는 제자

들에게 길 잃은 양 비유를 드시면서 너희 생각에는 어떠하냐고 물으십니다. 만일 어떤 사람이 양 백 마리가 있는데 그 중의 하나가 길을 잃었으면 그 아흔아홉 마리를 산에 두고 가서 길 잃은 양을 찾지 않겠느냐? 그런데 만일 그 잃은 양을 그 사람이 마침내 찾게 되면, 길을 잃지 아니한 아흔아홉 마리보다 그 찾은 양 한 마리를 더 기뻐할 것이라고 예수께서 말씀하십니다. 이 비유를 통하여 예수님은 그들에게 아버지 하나님의 뜻 두 가지를 알게 하십니다. 하나는 주인이신 하나님의 음성을 잘 듣지 않고 길을 잃은 자를 찾기 위하여 어떤 대가를 치르면서도 찾으시는 하나님 아버지의 거룩하신 뜻을 알게 하십니다. 다른 하나는 길을 잃지 않은 아흔 아홉 마리의 양보다 길을 잃은 한 마리의 양을 더 아끼고 사랑하는 것이 하나님 아버지의 뜻이 아니고, 길 잃은 한 마리 양을 하나님의 보호 안에 있는 아흔 아홉 마리 양보다 더 불쌍히 여기시는 것이 하나님의 뜻임을 알게 하십니다. 그렇기 때문에 예수님은 이 작은 자 중의 하나라도 잃는 것은 하늘에 계신 내 아버지의 뜻이 아니라고 제자들에게 말씀하신 것입니다.

15
네 형제가
죄를 범하거든

마태복음 18 : 15-20

네 형제가 죄를 범하거든 가서 너와 그 사람과만 상대하여 권고하라 만일 들으면 네가 네 형제를 얻은 것이요 만일 듣지 않거든 한두 사람을 데리고 가서 두세 증인의 입으로 말마다 확증하게 하라 만일 그들의 말도 듣지 않거든 교회에 말하고 교회의 말도 듣지 않거든 이방인과 세리와 같이 여기라 진실로 너희에게 이르노니 무엇이든지 너희가 땅에서 매면 하늘에서도 매일 것이요 무엇이든지 땅에서 풀면 하늘에서도 풀리리라 진실로 다시 너희에게 이르노니 너희 중의 두 사람이 땅에서 합심하여 무엇이든지 구하면 하늘에 계신 내 아버지께서 그들을 위하여 이루게 하시리라 두세 사람이 내 이름으로 모인 곳에는 나도 그들 중에 있느니라

기도 요점

예수께서 제자들에게 네 형제가 죄를 범할 때, 세 단계에 걸쳐서 권고하라고 하십니다. 예수께서 말씀하신대로 자신에게 죄를 범한 형제에게 이 같은 단계로 권고해 본 경험이 있으십니까? 이 같은 권고의 말씀을 하신 후, 제자들에게 두 가지를 더 말씀하시는데, 그 두 가지 말씀은?

도움의 말

예수께서 제자들에게 네 형제가 죄를 범할 때 권고해야 하는 말씀 네 가지를 이르십니다. 여기서 말하는 죄는 주 안에서의 형제들 사이의 도덕적 범죄를 가리킵니다. 첫 번째는 죄 범한 네 형제에게 네가 가서 그에게 권고하라고 하십니다. 이때 그가 만일 그 권고를 들으면 네가 그 형제를 얻은 것이라고 말씀하십니다. 두 번째는 그러나 만일 그가 듣지 않거든 한두 사람을 데리고 가서 두세 증인의 입으로 말마다 확증하게 권고 하라고 하십니다. 만일 그

들의 말도 네 형제가 듣지 않으면, 세 번째는 이를 교회에 말하라고 권고하십니다. 그런데 교회의 말도 듣지 않으면 죄 범한 그 네 형제를 이방인과 세리와 같이 여기라고 하십니다. 당시 유대사회에서 이방인과 세리는 유대의 회당이나 모임에 참여할 수 없는 사람들로서 유대공동체 밖의 사람을 가리킵니다. 그러므로 세 번의 권고에도 불구하고 죄 범한 네 형제가 회개하지 않으면 더 이상의 교류를 하지 말라는 말씀이지만, 이는 그와의 접촉을 금하는 데 목적이 있는 것이 아닙니다. 오직 공동체로부터 소외당하는 벌을 받게 함으로써 죄 범한 네 형제에게 다시 회개할 기회를 부여하려는데 목적이 있습니다. 이어서 예수께서는 제자들에게 두 가지를 더 말씀하십니다. 하나는 무엇이든지 너희가 땅에서 매면 하늘에서도 매일 것이요 무엇이든지 땅에서 풀면 하늘에서도 풀릴 것이라는 말씀입니다. 다른 하나는 너희 중 두 사람이 땅에서 합심하여 무엇이든지 구하면 하늘에 계신 내 아버지께서 그들을 위하여 이루게 하시며, 또한 두세 사람이 내 이름으로 모인 곳에는 나도 그들 중에 있다는 말씀입니다.

16
용서할 줄
모르는 종 비유

마태복음 18 : 21-35

그 때에 베드로가 나아와 이르되 주여 형제가 내게 죄를 범하면 몇 번이나 용서하여 주리이까 일곱 번까지 하오리이까 예수께서 이르시되 네게 이르노니 일곱 번뿐 아니라 일곱 번을 일흔 번까지라도 할지니라 그러므로 천국은 그 종들과 결산하려 하던 어떤 임금과 같으니 결산할 때에 만 달란트 빚진 자 하나를 데려오매 갚을 것이 없는지라 주인이 명하여 그 몸과 아내와 자식들과 모든 소유를 다 팔아 갚게 하라 하니 그 종이 엎드려 절하며 이르되 내게 참으소서 다 갚으리이다 하거늘 그 종의 주인이 불쌍히 여겨 놓아 보내며 그 빚을 탕감하여 주었더니 그 종이 나가서 자기에게 백 데나리온 빚진 동료 한 사람을 만나 붙들어 목을 잡고 이르되 빚을 갚으라 하매 그 동료가 엎드려 간구하여 이르되 나에게 참아 주소서 갚으리이다 하되 허락하지 아니하고 이에 가서 그가 빚을 갚도록 옥에 가두거늘 그 동료들이 그것을 보고 몹시 딱하게 여겨 주인에게 가서 그 일을 다 알리니 이에 주인이 그를 불러다가 말하되 악한 종아 네가 빌기에 내가 네 빚을 전부 탕감하여 주었거늘 내가 너를 불쌍히 여김과 같이 너도 네 동료를 불쌍히 여김이 마땅하지 아니하냐 하고 주인이 노하여 그 빚을 다 갚도록 그를 옥졸들에게 넘기니라 너희가 각각 마음으로부터 형제를 용서하지 아니하면 나의 하늘 아버지께서도 너희에게 이와 같이 하시리라

기도 요점

일 만 달란트의 빚을 진자가 임금으로부터 다 탕감 받고 나가 자기에게 백 데나리온 빚진 자를 만나매 그가 갚을 것이니 참아 달라고 간청하는데도 불구하고 그를 옥에 가두는데, 그 결과는? 용서할 줄 모르는 종의 비유를 말씀하시고 난 후, 제자들에게 너희가 각각 마음으로부터 형제를 용서하지 아니하

면 나의 하늘 아버지께서도 너희에게 이와 같이 하시리라는 예수님의 말씀을 묵상하십시오.

도움의 말

죄 용서에 관한 권고의 말씀을 하신 예수님에게 베드로가 나아와 주여 형제가 내게 죄를 범하면 몇 번이나 용서하여야 합니까? 일곱 번까지 해야 합니까?라고 묻습니다. 당시 랍비들은 범죄 한 이웃에게 3회까지 용서하고 그 이상은 금하였다고 합니다. 그런데 베드로는 당시 세 번의 율법적 용서보다 훨씬 많은 일곱 번까지 용서해야 되느냐고 예수님께 질문하는데, 이에 대하여 예수께서 일곱 번뿐 아니라 일곱 번을 일흔 번까지라도 하라고 대답하신다. 이는 형제들 사이의 용서는 횟수로 제한될 수 없다는 것인데, 이처럼 횟수의 제한 없이 죄 범한 형제를 용서할 수 있는 것은 우리가 실제로 하나님으로부터 더 많은 용서하심을 받아왔기 때문입니다. 이 같은 의미의 용서는 이 땅의 사회법에 근거된 것이 아니라 천국 법에 근거되어 있으므로 예수께서 천국은 그 종들과 결산하려 하던 어떤 임금과 같다는 비유를 말씀하십니다. 여기서 임금은 만물의 창조주이시며 섭리주이시며 심판 주이신 하나님을 가리킵니다. 임금이 결산할 때에 만 달란트 빚진 자 하나를 데려옵니다. 달란트는 예수님 당시 유대와 로마에서 통용되는 화폐단위 가운데 가장 큰 단위인데, 1달란트가 노동자 한 사람의 일일 품삯 1데나리온의 약 6000배에 해당된다고 합니다. 그런즉 당시 일 만달란트의 빚은 매우 큰 액수이므로 인간 자신의 힘으로는 도저히 갚을 수 없었다고 합니다. 그렇기 때문에 그 종은 갚을 것이 없으므로 주인이 명하여 그 몸과 아내와 자식들과 모든 소유를 다 팔아 갚게 하라고 하지만, 그의 빚은 가족 모두를 팔아도 다 갚을 수 없는 금액입니다. 그리하여 그 종이 엎드려 절하며 내게 참아주소서 다 갚겠다고 간청하므로 그 종의 주인이 그를 불쌍히 여겨 놓아 보내며 그 빚을 탕감하여 줍니다. 그런데 그 종이 나가서 자기에게 백 데나리온 빚진 동료 한 사람을 만나게 됩니다. 그러자 그는 자기에게 빚진 그 동료를 붙들어 목을 잡고 빚을 갚으라고 합니다. 이에 그 동료가 엎드려 간구하여 이르기를 나에게 참아 주소서 갚겠다고 하지만, 그 종은 이를 허락하지 아니하고 그가 빚을 갚도록 옥에 가둡니다. 그 종은 임금으로부터 엄청난 빚을 탕감 받았음에도 불구하고 자기가 탕감 받은 빚에 비해 매우 적은 빚을 자기에게 진 자를 옥에 가둡니다. 이를 지켜본 그 동료들이 몹시 딱하게 여겨 그 종의 주인에게 가서 그 일을 다 알게 합니다. 이에 주인이 그 종을 다시 불러다가 악한 종아 네가 빌기에 내가 네 빚을 전부 탕감하여 주었거늘 내가 너를 불쌍히 여김과 같이 너도 네 동료를 불쌍히 여김이 마땅하지 않느냐며 꾸짖습니다. 그 종이 그에게 빚진 자에게 행한 행동에 화가 난 주인이 그 빚을 다 갚도록 그를 옥졸들에게 넘깁니다. 여기까지 말씀하신 예수께서 제자들에게 너희가 각각 마음으로부터 형제를 용서하지 아니하면 나의 하늘 아버지께서도 너희에게 이와 같이 하신다고 말씀해 주십니다.

17
이혼에 대한
예수님의 말씀

마태복음 19 : 1-8

예수께서 이 말씀을 마치시고 갈릴리를 떠나 요단 강 건너 유대 지경에 이르시니 큰 무리가 따르거늘 예수께서 거기서 그들의 병을 고치시더라 바리새인들이 예수께 나아와 그를 시험하여 이르되 사람이 어떤 이유가 있으면 그 아내를 버리는 것이 옳으니이까 예수께서 대답하여 이르시되 사람을 지으신 이가 본래 그들을 남자와 여자로 지으시고 말씀하시기를 그러므로 사람이 그 부모를 떠나서 아내에게 합하여 그 둘이 한 몸이 될지니라 하신 것을 읽지 못하였느냐 그런즉 이제 둘이 아니요 한 몸이니 그러므로 하나님이 짝지어 주신 것을 사람이 나누지 못할지니라 하시니 여짜오되 그러면 어찌하여 모세는 이혼 증서를 주어서 버리라 명하였나이까 예수께서 이르시되 모세가 너희 마음의 완악함 때문에 아내 버림을 허락하였거니와 본래는 그렇지 아니하니라

기도 요점

바리새인들이 치유하시는 예수님께 나아와 사람이 어떤 이유가 있으면 그 아내를 버리는 것이 옳으냐고 묻는데, 예수님께 이 같은 질문을 한 그들의 의도는? 이 질문에 대한 예수님의 대답은?

도움의 말

예수께서 제자들에게 각각 마음으로부터 형제를 용서하라는 권면의 말씀을 마치신 후, 갈릴리를 떠나 요단 강 건너 유대 지경에 이르십니다. 그 지경에 이르신 예수님을 큰 무리가 따르는데, 거기서 그들의 병을 고치십니다. 이때 바리새인들이 예수께 나아와 예수님을 시험하여 이르기를 사람이 어떤 이유가 있으면 그 아내를 버리는 것이 옳으냐고 묻습니다. 당시 이들은 산헤드린에서 파견된 진상조사단으로서 사마리아를 제외한 전 지역과 예수님을 따라

다니며 시험하고 비방하였을 뿐만 아니라 모함할 것을 찾기에 분주하였다고 합니다. 그래서 바리새인들은 예루살렘 종교회의와 로마당국에 고소할 것을 찾기 위하여 이혼 법에 관한 난제를 예수님께 질문한 것입니다. 예수님 당시 팔레스틴의 유대 사상에는 두 주류가 있었는데 특별히 이혼문제가 서로 크게 대립되었다고 합니다. 하나는 힐렐 학파인데, 이 학파는 이혼에 관한 규율에 어느 정도의 자율성을 주었지만, 다른 하나인 샴마이 학파는 일정한 이혼 사유가 규정되어 있었다고 합니다. 그리고 당시 쿰란공동체 사람들은 계약을 맺고 그 공동체에 들어갔는데, 이들에게 있어서 이혼은 어떤 경우에도 불법적인 것으로 간주되었다고 합니다. 이 같은 당시 상황을 다 아시는 예수께서 그들의 질문에 사람을 지으신 이가 본래 그들을 남자와 여자로 지으시고 말씀하시기를 그러므로 사람이 그 부모를 떠나서 아내에게 합하여 그 둘이 한 몸이 될 지라고 하신 것을 너희가 읽지 못하였느냐는 반어체로 대답하십니다. 이어서 예수님은 그 바리새인들에게 그런즉 이제 둘이 아니요 한 몸이니 그러므로 하나님이 짝지어 주신 것을 사람이 나누지 못 할지니라고 하신다. 하나님이 짝지어 주셨다는 것은 하나님께서 남자가 아비 집을 떠나 여자와 결합하게 하셨고 또한 함께 멍에를 메게 하셨다는 의미로서 이는 이미 끝나버린 단 한 번의 과거라는 사실을 의미하기 때문에 그 어떤 사람도 그 연합을 나눌 수 없다는 의미가 강하다고 합니다. 예수님의 이 말씀을 들은 바리새인들이 예수님께 그러면 어찌하여 모세는 이혼 증서를 주어서 버리라 명 하였습니까 라고 묻는데, 이는 이혼은 절대 안 된다는 예수님의 대답을 듣고, 그들은 바로 모세가 이혼을 허락한 신명기 24장 1절의 말씀을 들어가면서 다시 한 번 예수님을 시험합니다. 그러자 예수께서 모세가 너희 마음의 완악함 때문에 아내 버림을 허락하였거니와 본래는 그렇지 아니하다고 하신다. 여기서 마음의 완악함이란 거칠고 잔인하며 완고한 마음을 의미하는 것으로서 인간의 타락한 심성을 드러내는 말입니다. 사실 그들은 하나님께서 마련하신 결혼 법을 지킬 정도로 순수하지 못하고 신앙적 마음이 뜨겁지 않기 때문에 이로 인하여 아내를 내쫓기 위하여 심한 학대를 하기 보다는 차라리 아내에게 수치 되는 일이 있다는 것이 발견되고 남편이 아내를 기뻐하지 아니하면 이혼 증서를 써서 그의 손에 주고 그를 자기 집에서 내보낼 것이라고 모세가 이혼을 허용하였지만, 이혼은 본래 창조주 하나님의 뜻이 결코 아니라고 예수께서 바리새인들에게 말씀해 주신다.

18
장가 들지 않는 것이
좋겠나이다

마태복음 19 : 9-12

내가 너희에게 말하노니 누구든지 음행한 이유 외에 아내를 버리고 다른 데 장가 드는 자는 간음함이니라 제자들이 이르되 만일 사람이 아내에게 이같이 할진대 장가 들지 않는 것이 좋겠나이다 예수께서 이르시되 사람마다 이 말을 받지 못하고 오직 타고난 자라야 할지니라 어머니의 태로부터 된 고자도 있고 사람이 만든 고자도 있고 천국을 위하여 스스로 된 고자도 있도다 이 말을 받을 만한 자는 받을지어다

기도 요점

제자들이 예수님에게 아내에게 이 같이 할진대 장가 들지 않는 것이 좋겠나이다 라고 말하는데, 그 까닭은? 장가 들지 아니하는 것과 관련된 예수님의 말씀은 무엇입니까?

도움의 말

예수께서 제자들에게 누구든지 음행한 이유 외에 아내를 버리고 다른 데 장가 드는 자는 간음하는 것이라고 말씀하신다. 이는 모세의 권위를 초월하여 예수께서 친히 제자들에게 가르치신 말씀인데, 이 말을 들은 그들이 예수님께 만일 사람이 아내에게 이같이 할진대 장가 들지 않는 것이 좋겠다고 말씀을 드립니다. 결혼한 남자가 아내에게 이혼을 요구할 수 있는 조건이 오로지 음행이외는 없다는 예수님의 말씀을 들은 제자들이 차라리 장가 들지 않는 것이 낫다고 한 까닭은 그 당시 사회에서 이혼, 재혼과 축첩의 제도가 성행되어 있는데 비하여 예수님의 말씀은 실현할 수 있는 가능성이 희박하다는 그들의 생각을 표현한 것입니다. 그래서 예수님은 장가 들지 않는 것과 관련하여 그들에게 세 가지 말씀을 하십니다. 첫째는 사람마다 이 말을 받지 못하고 오직

타고난 자라야 장가 들지 않을 수 있다는 말씀입니다. 여기서 타고 난 자란 결혼에 있어서 위로부터 부름 받아 은혜 가운데 믿음으로 결혼을 자발적으로 포기한 사람을 가리킵니다. 둘째는 어머니의 태로부터 된 고자도 있고 사람이 만든 고자도 있다는 말씀입니다. 여기서 장가 들지 않는 이는 선천적인 성 불구 때문일 수 있고, 또한 내시나 환관과 같은 특수층의 고자 같이 장가를 들 수 없도록 사람이 만든 고자입니다. 셋째는 천국을 위하여 스스로 고자 된 자도 있다는 말씀인데, 이는 천국을 위하여 독신으로 사는 사람을 가리킵니다. 이 말씀은 모든 사람에게 적용되는 것이 아니고 영적 고자로 부르심을 입은 사람들에게만 적용되므로 예수께서 이 말을 받을만한 자는 받으라고 하신다.

19
어린 아이들이
내게 오는 것을 금하지 말라

마태복음 19 : 13-15

그 때에 사람들이 예수께서 안수하고 기도해 주심을 바라고 어린 아이들을 데리고 오매 제자들이 꾸짖거늘 예수께서 이르시되 어린 아이들을 용납하고 내게 오는 것을 금하지 말라 천국이 이런 사람의 것이니라 하시고 그들에게 안수하시고 거기를 떠나시니라

기도 요점

사람들이 예수께서 안수하고 기도해 주심을 바라고 어린 아이들을 데리고 오니 제자들이 꾸짖는데, 그 까닭은? 꾸짖는 제자들을 향하여 어린 아이들을 용납하고 내게 오는 것을 금하지 말라 예수께서 말씀하시는데, 그 까닭은?

도움의 말

결혼과 이혼에 관한 예수님의 가르침이 있던 바로 그 때에 사람들이 기도해 주심을 바라고 어린 아이들을 데리고 옵니다. 예수님 당시 사람들은 자신의 어린 아이들을 랍비들과 장로들에게 데리고 가서 안수를 통하여 축복을 받게 하는 일이 종종 있었다고 합니다. 당시 한 집안의 가장이 아이가 태어났을 때 혹은 길을 떠날 때, 혹은 죽음이 임박하여 자손에게 특권과 축복을 할 때 주로 안수를 행하였다고 합니다. 이 같이 안수를 통하여 축복을 비는 것은 유대교에서 전래되어 초대교회에로 이어진 것으로 봅니다. 이런 관점에서 당시 사람들은 병만을 고치기 위하여 예수님께로 온 것이 아니라 메시야 이신 예수님의 축복을 대를 이어 받기 원하여 자기 어린 아이들도 예수님께로 데리고 왔던 것입니다. 그런데 사람들이 기도해 주심을 바라고 예수께로 어린 아이들을 데리고 오니 제자들이 꾸짖는데, 이는 당시 어른을 중요시 하고 어린 이들을 무시하는 성향이 반영되었던 것이 아닌가 싶습니다. 이 같이 꾸짖는

제자들을 보시고 예수께서는 어린 아이들을 용납하고 내게 오는 것을 금하지 말라고 하신다. 그 이유는 천국이 바로 이런 어린 아이들과 같은 자들의 것이기 때문입니다. 실제로 예수께서는 제자들에게 마태복음 18장 3절에서 '너희가 돌이켜 어린 아이들과 같이 되지 아니하면 결단코 천국에 들어가지 못하리라'는 말씀을 하신 바 있습니다. 천국이 바로 이런 사람의 것이라는 말씀을 하시며 예수께서는 어린 아이들에게 안수하시고 베레아 지역을 떠나십니다.

20
네가 온전하고자 할진대

마태복음 19 : 16-22

어떤 사람이 주께 와서 이르되 선생님이여 내가 무슨 선한 일을 하여야 영생을 얻으리이까 예수께서 이르시되 어찌하여 선한 일을 내게 묻느냐 선한 이는 오직 한 분이시니라 네가 생명에 들어가려면 계명들을 지키라 이르되 어느 계명이오니이까 예수께서 이르시되 살인하지 말라, 간음하지 말라, 도둑질하지 말라, 거짓 증언 하지 말라, 네 부모를 공경하라, 네 이웃을 네 자신과 같이 사랑하라 하신 것이니라 그 청년이 이르되 이 모든 것을 내가 지키었사온대 아직도 무엇이 부족하니이까 예수께서 이르시되 네가 온전하고자 할진대 가서 네 소유를 팔아 가난한 자들에게 주라 그리하면 하늘에서 보화가 네게 있으리라 그리고 와서 나를 따르라 하시니 그 청년이 재물이 많으므로 이 말씀을 듣고 근심하며 가니라

기도 요점

부자 청년이 예수께 와서 내가 무슨 선한 일을 하여야 영생을 얻을 수 있느냐 라는 물음에 대한 예수님의 대답은? 예수께서 말씀하시는 계명들을 다 지켰지만 아직도 무엇이 부족하냐고 묻는 그 부자 청년에게 네가 온전하고자 할진대 라고 하시면서 그의 질문에 대한 예수님의 대답은?

도움의 말

재물이 많은 어떤 사람, 즉 청년이 주께 와서 선생님이여 내가 무슨 선한 일을 하여야 영생을 얻을 수 있느냐고 묻습니다. 이에 예수께서 그 사람에게 어찌하여 선한 일을 내게 묻느냐고 이르시면서 두 가지 말씀을 하신다. 하나는 선한 이는 오직 한 분이라는 말씀과 다른 하나는 네가 생명에 들어가려면 계명들을 지키라는 말씀입니다. 이는 선하신 분은 오로지 하나님 한 분 뿐이라는 말씀이며, 또한 '생명에 들어간다.'는 예수님의 말씀은 영생을

얻으려 한다는 의미입니다. 그런데 영생이란 영존하시는 하나님의 생명에 참
여함으로 얻을 수 있습니다. 그러므로 여기서 하나님의 생명에 참여한 사람
이란 하나님을 믿지 아니하고 사랑하지 아니함으로 인하여 하나님으로부터
떠난 죄로부터 구원을 받은 사람으로서 선하신 하나님을 알고 또한 선하신
하나님께서 명하시는 계명들을 지키는 삶을 사는 사람을 가리킵니다. 사실
선하신 하나님의 계명은 이미 그 안에 생명의 약속이 내포되어 있으므로 하
나님의 계명을 지킴으로써 인간은 영생의 삶을 살 수 있습니다. 그러나 이 같
은 영생의 삶을 살 수 있는 길은 계명의 명령자이신 하나님과 그 계명의 완성
자이신 예수 그리스도를 믿고 따르는 것이 전제됩니다. 이 같은 의미의 예수
님의 말씀을 이해하지 못한 그 청년은 예수님께 어느 계명을 지켜야 되느냐
고 여쭙니다. 이에 예수께서 여섯 가지 계명을 말씀해 주십니다. 첫째는 살인
하지 말라는 계명이고 둘째는 간음하지 말라는 계명이며, 셋째는 도둑질하지
말라는 계명입니다. 그리고 넷째는 거짓 증언 하지 말라는 계명과 다섯째는
네 부모를 공경하라는 계명이며, 여섯째는 네 이웃을 네 자신과 같이 사랑하
라 하신 계명입니다. 이를 다 듣고, 그 청년은 예수님께 제가 이 모든 것을 지
켰는데, 아직도 무엇이 부족 합니까 라고 말씀드립니다. 이 같은 그의 질문을
들으신 예수께서 그에게 두 가지 대답을 주십니다. 하나는 네가 온전하고자
할진대 가서 네 소유를 팔아 가난한 자들에게 주라 그리하면 하늘에서 보화
가 네게 있으리라는 대답입니다. 여기서 말하는 '온전하고자 할진대' 라는 말
씀은 도덕적인 완전함이나 무죄성을 의미하는 것이 아니라 인간의 궁극적인
목표인 신적인 완전에 도달한다는 의미로서 이는 철저하게 자신의 무능과 부
족을 통감하고 온전하게 하시는 선하신 하나님을 온전히 신뢰하며 두 손 들
고 투항하는 데까지 이르는 것을 의미합니다. 그리고 '하늘에서 보화'란 그 부
자 청년이 찾는 영생의 삶을 뜻합니다. 다른 하나의 대답은 그리고 난 후 와
서 나를 따르라 입니다. 그 부자 청년에게 가서 그의 소유를 팔아 가난한 자들
에게 나눠주라는 예수님의 말씀은 결국은 예수님을 따르는 제자의 길로 이어
집니다. 사실 하나님의 계명을 순종하는 것은 바로 참 생명의 주인이시며 우
리 인간을 온전하게 하시는 예수 그리스도를 믿음으로 영생에 이르게 될 뿐
만 아니라 온전히 자기를 부인하고 하나님께 완전히 투항하는 삶을 살 수 있

게 됩니다. 그러나 이 같은 예수님의 두 가지 대답을 들은 그 청년은 재물이 많으므로 이 말씀을 듣고 근심하며 예수님을 떠나갑니다.

21
그렇다면 누가 구원을 얻을 수 있습니까

마태복음 19 : 23-26

예수께서 제자들에게 이르시되 내가 진실로 너희에게 이르노니 부자는 천국에 들어가기가 어려우니라 다시 너희에게 말하노니 낙타가 바늘귀로 들어가는 것이 부자가 하나님의 나라에 들어가는 것보다 쉬우니라 하시니 제자들이 듣고 몹시 놀라 이르되 그렇다면 누가 구원을 얻을 수 있으리이까 예수께서 그들을 보시며 이르시되 사람으로는 할 수 없으나 하나님으로서는 다 하실 수 있느니라

기도 요점

낙타가 바늘귀로 들어가는 것이 부자가 하나님의 나라에 들어가는 것보다 쉽다는 예수님의 말씀을 듣고, 몹시 놀라며 그렇다면 누가 구원을 얻을 수 있습니까? 라는 질문을 제자들이 하게 된 까닭은? 제자들이 이 질문에 예수께서 사람으로는 할 수 없으나 하나님으로서는 다 하실 수 있다고 대답하시는데, 이 대답의 의미는?

도움의 말

예수께서 제자들에게 부자는 천국에 들어가기가 어렵다고 말씀하십니다. 이에 대한 비유로 예수님은 낙타가 바늘귀로 들어가는 것이 부자가 하나님의 나라에 들어가는 것보다 쉽다고 그들에게 이르십니다. 여기서 바늘귀란 작은 문을 가리킨다고 합니다. 당시 성곽을 두르고 있는 도시에는 문이 두 개 있었다고 합니다. 둘 중의 큰 문은 낮에 사람이나 짐수레 등이 다니고, 작은 문은 밤에 사용되었는데, 이는 사람이 서서 들어갈 수 없을 정도로 작아 바늘귀 문이라고 불렀다고 합니다. 그러므로 예수께서 부자가 천국에 들어가기가 어려운 것이 마치 낙타가 이 작은 문으로 들어가는 것같이 어렵다는 말씀을 하신

것인데, 당시 사람들은 이 비유의 의미를 잘 알고 있었던 것으로 봅니다. 그렇기 때문에 부자가 천국에 들어가기가 어렵다는 이 비유를 들은 제자들이 몹시 놀랍니다. 왜냐하면 당시 유대인에게 있어서 재물과 부는 하나님의 축복이며, 가난은 하나님의 저주로 이해되어 부끄러움과 멸시의 대상이었기 때문입니다. 그러므로 부자에 대한 예수님의 이 같은 비유는 제자들에게 있어서도 매우 낯설고 새로운 가르침이었기에 그렇다면 누가 구원을 얻을 수 있습니까 라고 예수님께 묻습니다. 그러자 예수께서 구원에 대한 그들의 염려를 드려다 보시고는 사람으로는 할 수 없으나 하나님으로서는 다 하실 수 있다고 이르십니다. 예수께서는 제자들에게 구원은 사람의 일이 아니라 전적으로 하나님의 일이라는 것을 말씀해 주십니다. 이와 같이하여 예수께서는 구원은 오로지 하나님만을 절대적으로 의존하는 믿음으로만 얻게 하시는 하나님의 일이라고 천명하십니다.

22
주를 따랐사온즉
우리가 무엇을 얻으리이까

마태복음 19 : 27-30

이에 베드로가 대답하여 이르되 보소서 우리가 모든 것을 버리고 주를 따랐사온대 그런즉 우리가 무엇을 얻으리이까 예수께서 이르시되 내가 진실로 너희에게 이르노니 세상이 새롭게 되어 인자가 자기 영광의 보좌에 앉을 때에 나를 따르는 너희도 열두 보좌에 앉아 이스라엘 열두 지파를 심판하리라 또 내 이름을 위하여 집이나 형제나 자매나 부모나 자식이나 전토를 버린 자마다 여러 배를 받고 또 영생을 상속하리라 그러나 먼저 된 자로서 나중 되고 나중 된 자로서 먼저 될 자가 많으니라

기도 요점

베드로가 예수께 이르기를 보소서 우리가 모든 것을 버리고 주를 따랐는데, 우리가 무엇을 얻을 수 있습니까 라고 묻는데, 그가 이 같은 질문을 하는 까닭은? 이 질문에 대한 예수님의 대답은?

도움의 말

사람의 힘으로는 천국에 들어갈 수 없다는 예수님의 말씀을 들은 베드로가 예수님에게 보소서 우리가 모든 것을 버리고 주를 따랐사오니 우리가 무엇을 얻으리이까 라고 묻습니다. 예수께서 이 질문을 두 가지로 대답하십니다. 하나는 세상이 새롭게 되어 인자가 자기 영광의 보좌에 앉을 때에 나를 따르는 너희도 열두 보좌에 앉아 이스라엘 열두 지파를 심판하리라는 것입니다. 이는 모든 것을 버리고 주를 따른 제자들에게 예수께서 심판주로 보좌 위에 앉으시어 심판하실 때에 예수님을 따르는 그들도 열두 보좌에 앉아 이스라엘 열두 지파를 심판할 것이라는 말씀입니다. 다른 하나는 예수님을 따르는 제자들이 예수님의 이름을 위하여 집이나 형제나 자매나 부모나 자식이나 전토를 버렸으나 여러 배를 받을 것이며 또 영생을 상속하리라는 말씀입니다.

여기서 영생을 상속하리라는 말씀은 하나님의 나라를 유업으로 상속받는다는 말씀입니다. 그러나 이 모든 것은 오로지 전적인 하나님의 은혜로 말미암아 가능하므로 예수께서는 먼저 된 자로서 나중 되고 나중 된 자로서 먼저 될 자가 많다고 말씀하신다.

23
천국은 마치 품꾼을 얻어 포도원에 들여보내려는 집 주인과 같다

마태복음 20 : 1-7

천국은 마치 품꾼을 얻어 포도원에 들여보내려고 이른 아침에 나간 집 주인과 같으니 그가 하루 한 데나리온씩 품꾼들과 약속하여 포도원에 들여보내고 또 제 삼시에 나가 보니 장터에 놀고 서 있는 사람들이 또 있는지라 그들에게 이르되 너희도 포도원에 들어가라 내가 너희에게 상당하게 주리라 하니 그들이 가고 제 육시와 제 구시에 또 나가 그와 같이 하고 제 십 일시에도 나가 보니 서 있는 사람들이 또 있는지라 이르되 너희는 어찌하여 종일토록 놀고 여기 서 있느냐 이르되 우리를 품꾼으로 쓰는 이가 없음이니이다 이르되 너희도 포도원에 들어가라 하니라

기도 요점

천국은 마치 품꾼을 얻어 포도원에 들여보내려고 이른 아침에 나간 집 주인과 같다는 비유를 예수께서 말씀하시는데, 포도원에 들어가서 일꾼들이 하는 일은? 포도원 주인이 제 십 일시에도 나가 보니 서 있는 사람들이 또 있는지라 이르되 너희는 어찌하여 종일토록 놀고 여기 서 있느냐 라고 말하는데, 여기서 종일토록 놀고 여기 서 있다는 말씀의 의미는?

도움의 말

예수께서 천국은 마치 품꾼을 얻어 포도원에 들여보내려고 이른 아침에 나간 집 주인과 같다고 말씀하신다. 이른 아침에 나간 집 주인이 하루 한 데나리온씩 품꾼들과 약속하여 포도원에 들여보내고 또 제 삼시, 즉 오전 9시에 나가 보니 사람들이 장터에 놀고 있으므로 그들에게 너희도 포도원에 들어가라 내가 너희에게 상당하게 주리라고 합니다. 이에 그들도 포도원에 들어갑니다. 데나리온은 로마의 화폐로서 당시 한 데나리온은 노동자의 하루 품 값 정도

라고 합니다. 천국노동의 하루의 품값으로 포도원 주인이신 하나님으로부터 한 데나리온의 약속을 받고 천국에 들어간 품꾼은 복음의 초청에 선참한 유대인들을 가리키는데, 그들의 일은 하나님을 믿는 것입니다. 포도원 주인이 제 육시와 제 구시에 또 나가 그와 같이 하고 제 십 일시, 즉 오후 5시에도 나가 보는데, 그냥 서 있는 사람들이 또 있습니다. 그리하여 포도원 주인이신 하나님께서 그들에게 이르기를 너희는 어찌하여 종일토록 놀고 여기 서 있느냐고 묻습니다. 여기서 놀고 있다는 것은 천국노동을 하지 않는다는 것인데, 이는 하나님을 영화롭게 하는 신앙으로 하는 일을 하지 않고 있다는 의미입니다. 오후 5시에 포도원 주인으로부터 어찌하여 놀고 있느냐 라는 말을 들은 그들이 이르기를 우리를 품꾼으로 쓰는 이가 없기 때문이라고 말합니다. 이를 들은 포도원 주인이신 하나님께서 그들에게 너희도 포도원에 들어가라고 이릅니다. 이로 보아 포도원 주인이신 하나님께서는 복음노동, 즉 하나님을 믿는 일을 할 일군들을 언제든지 세우신다는 것을 알 수 있습니다.

24
포도원 주인이신
하나님의 공의와 자비

마태복음 20 : 8-16

저물매 포도원 주인이 청지기에게 이르되 품꾼들을 불러 나중 온 자로부터 시작하여 먼저 온 자까지 삯을 주라 하니 제십일시에 온 자들이 와서 한 데나리온씩을 받거늘 먼저 온 자들이 와서 더 받을 줄 알았더니 그들도 한 데나리온씩 받은지라 받은 후 집 주인을 원망하여 이르되 나중 온 이 사람들은 한 시간밖에 일하지 아니하였거늘 그들을 종일 수고하며 더위를 견딘 우리와 같게 하였나이다 주인이 그 중의 한 사람에게 대답하여 이르되 친구여 내가 네게 잘못한 것이 없노라 네가 나와 한 데나리온의 약속을 하지 아니하였느냐 네 것이나 가지고 가라 나중 온 이 사람에게 너와 같이 주는 것이 내 뜻이니라 내 것을 가지고 내 뜻대로 할 것이 아니냐 내가 선하므로 네가 악하게 보느냐 이와 같이 나중 된 자로서 먼저 되고 먼저 된 자로서 나중 되리라

기도 요점

포도원 주인이 마지막에 포도원에 들어온 자나 일찍 들어온 자 모두에게 품 값을 한 데나리온씩 주므로 일찍 온 자들이 그 주인에게 원망합니다. 이에 대하여 포도원 주인이 그 중의 한 사람에게 한 말은? 포도원 주인의 비유에서 모든 품꾼들에게 똑같은 품값을 준 의미는?

도움의 말

저물어 가므로 포도원 주인이 청지기에게 품꾼들을 불러 나중 온 자로부터 시작하여 먼저 온 자까지 삯을 주라 합니다. 마지막 제 십 일시에 포도원에 온 자들이 와서 한 데나리온씩을 받습니다. 이를 지켜보고 있었던 먼저 온 자들이 와서 더 받을 줄 알았지만 그들도 역시 한 데나리온씩 받습니다. 이는 천국에서 그리스도 예수님을 믿는 사람들은 누구나 다 세상 끝에 똑같은 구원

을 받게 됨을 뜻합니다. 그러나 먼저 온 자나 나중 온 자 모두가 똑같이 한 데나리온을 받자 먼저 온 자들은 집 주인에게 나중 온 이 사람들은 한 시간밖에 일하지 아니하였거늘 종일 수고하며 더위를 견딘 우리와 같게 하였다고 원망 섞인 말을 건넵니다. 주인이 그 중의 한 사람에게 친구여 내가 네게 잘못한 것이 없다고 하면서 그 이유는 네가 나와 한 데나리온의 약속을 내가 이행하였기 때문이라고 말합니다. 이어서 집 주인은 그에게 세 가지 말을 더해 주는데, 하나는 네 것이나 가지고 가라 나중 온 이 사람에게 너와 같이 주는 것이 내 뜻이라는 말입니다. 다른 하나는 내 것을 가지고 내 뜻대로 할 것이 아니냐 내가 선하므로 네가 나를 악하게 보느냐는 말입니다. 또 다른 하나는 이와 같이 나중 된 자로서 먼저 되고 먼저 된 자로서 나중 되리라는 말입니다. 이 말씀들을 통하여 우리는 하나님의 공의와 자비하심을 느낄 수 있습니다.

25

죽음과 부활을
세 번째로 이르시다

마태복음 20 : 17-19

예수께서 예루살렘으로 올라가려 하실 때에 열두 제자를 따로 데리시고 길에서 이르시되 보라 우리가 예루살렘으로 올라가노니 인자가 대제사장들과 서기관들에게 넘겨지매 그들이 죽이기로 결의하고 이방인들에게 넘겨 주어 그를 조롱하며 채찍질하며 십자가에 못 박게 할 것이나 제삼일에 살아나리라

기도 요점

예수께서 갈릴리 지역의 사역을 마치시고 예루살렘으로 올라가려 하실 때에 열두 제자를 데리고 길에서 이르신 말씀들은? 이 말씀들 가운데 가장 깊이 자신에게 다가오는 말씀은?

도움의 말

예수께서 갈릴리에서 사역을 미치시고 유대인들의 절기인 유월절에 참석 차 예루살렘으로 올라가려 하실 때에 열두 제자를 따로 데리고 가십니다. 예수님은 가는 길에서 그들에게 보라 우리가 예루살렘으로 올라간다고 하시면서 세 가지 말씀을 이르십니다. 첫째는 인자가 대제사장들과 서기관들에게 넘겨진다는 말씀이고, 둘째는 그들이 예수님을 죽이기로 결의하고 이방인들에게 넘겨준다는 말씀입니다. 셋째는 이방인들이 예수님을 조롱하며 채찍질하며 십자가에 못 박게 할 것이지만 제 삼일에 살아날 것이라는 말씀입니다. 여기서 예수님은 세 번째로 자신의 죽으심과 부활에 관해 말씀하십니다.

26

인자가 온 것은 섬기려 하고
자기 목숨을 많은 사람의
대속물로 주기 위함이라

마태복음 20 : 20-28

그 때에 세베대의 아들의 어머니가 그 아들들을 데리고 예수께 와서 절하며 무엇을 구하니 예수께서 이르시되 무엇을 원하느냐 이르되 나의 이 두 아들을 주의 나라에서 하나는 주의 우편에, 하나는 주의 좌편에 앉게 명하소서 예수께서 대답하여 이르시되 너희는 너희가 구하는 것을 알지 못하는도다 내가 마시려는 잔을 너희가 마실 수 있느냐 그들이 말하되 할 수 있나이다 이르시되 너희가 과연 내 잔을 마시려니와 내 좌우편에 앉는 것은 내가 주는 것이 아니라 내 아버지께서 누구를 위하여 예비하셨든지 그들이 얻을 것이니라 열 제자가 듣고 그 두 형제에 대하여 분히 여기거늘 예수께서 제자들을 불러다가 이르시되 이방인의 집권자들이 그들을 임의로 주관하고 그 고관들이 그들에게 권세를 부리는 줄을 너희가 알거니와 너희 중에는 그렇지 않아야 하나니 너희 중에 누구든지 크고자 하는 자는 너희를 섬기는 자가 되고 너희 중에 누구든지 으뜸이 되고자 하는 자는 너희의 종이 되어야 하리라 인자가 온 것은 섬김을 받으려 함이 아니라 도리어 섬기려 하고 자기 목숨을 많은 사람의 대속물로 주려 함이니라

기도 요점

하나님을 알지 못하는 나라의 집권자들과 하나님의 나라에서의 지배자의 차이점은? 예수께서 인자가 온 것은 섬김을 받으려 함이 아니라 도리어 섬기려 하고 자기 목숨을 많은 사람의 대속물로 주려 함이라는 말씀을 제자들에게 이르시는데, 이 같은 말씀이 나오게 된 배경은?

도움의 말

세베대의 아들의 어머니가 그 아들들, 야고보와 요한을 데리고 예수께 와서 절하며 이르기를 나의 이 두 아들을 주의 나라에서 하나는 주의 우편에, 하나는 주의 좌편에 앉게 명해 달라고 합니다. 이에 예수께서는 너희는 너희가 구하는 것을 알지 못한다고 하시며 내가 마시려는 잔을 너희가 마실 수 있느냐고 이르십니다. 이 같은 대답을 듣고 그들은 할 수 있다고 예수님께 말씀드리자, 너희가 과연 내 잔을 마시려니와 내 좌우편에 앉는 것은 내가 주는 것이 아니라 내 아버지께서 누구를 위하여 예비하셨든지 그들이 얻을 것이라고 하십니다. 이 말씀을 들은 열 제자가 그 두 형제, 야고보와 요한에 대하여 분히 여깁니다. 이를 알아차리신 예수께서 제자들을 불러다가 이방인의 집권자들과 주의 나라에서의 좌우에 앉는 사람들 사이의 차이를 일러주십니다. 하나님을 알지 못하는 세상의 집권자들은 그들의 주변 사람들에게 명령하기를 좋아하고 권세를 부리는 줄을 너희도 알거니와 세상에서는 이러한 권력자들을 위대하다고 말한다. 그러나 하나님의 나라에서의 지배자는 세상의 지배자들과 같지 않다고 하시면서 예수께서는 하나님의 나라에서 큰 자와 으뜸인 자에 관한 말씀을 해 주시는데, 하나님의 나라에서 크고자 하는 사람은 누구든지 너희를 섬기는 자가 되며, 또한 너희 중에 누구든지 으뜸이 되고자 하는 자는 너희의 종이 되어야 한다고 이르십니다. 그렇기 때문에 예수께서는 인자가 온 것은 섬김을 받으려 함이 아니라 도리어 섬기려 하고 자기 목숨을 많은 사람의 대속물로 주려함이라고 이르십니다.

27
맹인 두 사람을
고치시다

마태복음 20 : 29-34

그들이 여리고에서 떠나 갈 때에 큰 무리가 예수를 따르더라 맹인 두 사람이 길 가에 앉았다가 예수께서 지나가신다 함을 듣고 소리 질러 이르되 주여 우리를 불쌍히 여기소서 다윗의 자손이여 하니 무리가 꾸짖어 잠잠하라 하되 더욱 소리 질러 이르되 주여 우리를 불쌍히 여기소서 다윗의 자손이여 하는지라 예수께서 머물러 서서 그들을 불러 이르시되 너희에게 무엇을 하여 주기를 원하느냐 이르되 주여 우리의 눈 뜨기를 원하나이다 예수께서 불쌍히 여기사 그들의 눈을 만지시니 곧 보게 되어 그들이 예수를 따르니라

기도 요점

예수께서 제자들과 여리고에서 떠나가실 때에 큰 무리도 따랐는데, 이때 맹인 두 사람이 길 가에 앉았다가 예수께서 지나가신다 함을 듣고 소리를 지릅니다. 그 둘이 외친 말은 무엇이며, 그들이 외친 말의 의미는? 이 같은 두 맹인의 외치는 말을 들은 그때, 당시 예수님을 따르던 무리들이 잠잠하라고 그 둘을 꾸짖는데도 불구하고 똑같은 말로 외치자 예수께서 머물러 서서 그들을 치유하시는 과정을 상상해 보십시오.

도움의 말

예수님과 제자들이 함께 여리고에서 떠나 갈 때에 큰 무리가 예수를 따릅니다. 이때 맹인 두 사람이 길 가에 앉았다가 예수께서 지나가신다 함을 듣고 소리 질러 말합니다. 그 맹인들은 예수님께 이르기를 주여 우리를 불쌍히 여기소서 다윗의 자손이여 라고 소리치는데, 이는 그들이 예수님이 메시야 이심을 바로 아는 외침입니다. 그러나 예수님을 바로 알지 못하는 그곳의 무리는 소리치는 그 둘을 꾸짖으며 잠잠하라고 합니다. 그러자 예수님께서 그들을

치유할 수 있다는 것을 확실하게 알고 있는 그 두 맹인은 더욱 소리 지르며 주여 우리를 불쌍히 여기소서 다윗의 자손이여 이라고 또 다시 소리칩니다. 이와 같이하여 예수께서 머물러 서서 그들을 불러 이르시기를 너희에게 무엇을 하여 주기를 원하느냐 라고 하시자 그 두 맹인은 주여 우리의 눈 뜨기를 원한다고 분명하게 아룁니다. 사실 예수께서는 이적을 행하시기 전에 이와 같은 질문을 하시며 병자로 하여금 자신의 신앙고백을 하도록 용기를 주십니다. 두 맹인에게도 이러한 과정을 거치신 후 예수께서 그 둘을 불쌍히 여기사 그들의 눈을 만지시니 곧 보게 되어 그들이 예수를 따릅니다.

28
주가 쓰시겠다 하라

마태복음 21 : 1-5

그들이 예루살렘에 가까이 가서 감람 산 벳바게에 이르렀을 때에 예수께서 두 제자를 보내시며 이르시되 너희는 맞은편 마을로 가라 그리하면 곧 매인 나귀와 나귀 새끼가 함께 있는 것을 보리니 풀어 내게로 끌고 오라 만일 누가 무슨 말을 하거든 주가 쓰시겠다 하라 그리하면 즉시 보내리라 하시니 이는 선지자를 통하여 하신 말씀을 이루려 하심이라 일렀으되 시온 딸에게 이르기를 네 왕이 네게 임하나니 그는 겸손하여 나귀, 곧 멍에 메는 짐승의 새끼를 탔도다 하라 하였느니라

기도 요점

예수께서 예루살렘 가까이 가서 감람 산 벳바게에 이르렀을 때에 예수께서 두 제자를 보내시며 이르시되 너희는 맞은편 마을로 가라 그리하면 곧 매인 나귀와 나귀 새끼가 함께 있는 것을 보리니 풀어 내게로 끌고 오라고 이르시면서 만일 누가 무슨 말을 하거든 주가 쓰시겠다 하라고 하시는데, 이 말씀이 의미하는 바는? 이 말씀 후, 주가 쓰시겠다는 말을 들은 그들이 즉시 보낼 터인데, 이는 선지자를 통하여 하신 말씀을 이루려 함이라고 예수께서 말씀하십니다. 여기서 선지자를 통해 하신 말씀은 무엇이며, 그 말씀의 의미는?

도움의 말

예수께서는 제자들에게 이미 세번에 걸쳐 예루살렘에서 수난과 죽임을 당하시려 그 곳으로 가신다 말씀하셨습니다. 그리고 그곳 가까이 있는 감람산 벳바게에 이르십니다. 벳바게는 여리고에서 예루살렘으로 이어지는 도로의 인근 마을이며 감람산 동편에 위치하였을 것이라고 합니다. 이곳에 이르신 예수께서 두 제자를 맞은편 마을로 보내시는데, 그 목적은 두 가지입니다. 하나는 그들이 그 마을에 가서 매인 나귀와 나귀 새끼가 함께 있는 것을 보거든 풀

어 네게로 끌고 오라는 것입니다. 다른 하나는 만일 그 마을에서 누가 무슨 말을 하거든 주가 쓰시겠다 하라는 것입니다. 여기서 예수님은 수난 일주간을 앞두고 자신을 주라고 말씀하시는데, 이는 예수님이 온 인류의 구속주이시며 왕으로서 모든 만물의 주인이시므로 모든 피조물이 예수님의 권위에 순종해야 함을 알리시는 말씀입니다. 그리하여 주가 쓰시겠다 하면 그들이 즉시 보낼 것이라고 두 제자에게 이르십니다. 이는 선지자, 이사야 62장 11절 말씀과 스가랴 9장 9절의 말씀을 이루려 하심입니다. 즉 시온 딸에게 이르기를 네 왕이 네게 임하나니 그는 겸손하여 나귀, 곧 멍에 메는 짐승의 새끼를 탔도다 라는 말씀을 이루려 하심입니다. 이와 같이 나귀를 타시고 예루살렘을 입성하시는 예수님은 자신이 바로 순결한 평강과 겸손과 섬김의 왕이시며 참 메시야이심을 증거하십니다.

29
예루살렘에
입성하시는 예수님

마태복음 21 : 6-11

제자들이 가서 예수께서 명하신 대로 하여 나귀와 나귀 새끼를 끌고 와서 자기들의 겉옷을 그 위에 얹으매 예수께서 그 위에 타시니 무리의 대다수는 그들의 겉옷을 길에 펴고 다른 이들은 나뭇가지를 베어 길에 펴고 앞에서 가고 뒤에서 따르는 무리가 소리 높여 이르되 호산나 다윗의 자손이여 찬송하리로다 주의 이름으로 오시는 이여 가장 높은 곳에서 호산나 하더라 예수께서 예루살렘에 들어가시니 온 성이 소동하여 이르되 이는 누구냐 하거늘 무리가 이르되 갈릴리 나사렛에서 나온 선지자 예수라 하니라

기도 요점

예수께서 제자들의 겉옷이 올려 진 나귀 위에 타시니 무리의 대다수는 그들의 겉옷을 길에 펴고 다른 이들은 나뭇가지를 베어 길에 펴고 앞에서 가고 뒤에서 따르는 무리가 소리 높여 이르되 호산나 다윗의 자손이여 찬송하리로다 주의 이름으로 오시는 이여 가장 높은 곳에서 호산나라고 하는데, 그들이 외친 말의 의미? 나귀타시고 예루살렘으로 입성하시는 예수님과 그 주변의 무리들을 상상해 보십시오.

도움의 말

예수께서 명하신 대로 제자들이 가서 나귀와 나귀 새끼를 벳바게로 끌고 와 자기들의 겉옷을 그 위에 얹어 예수님을 그 위에 타시게 합니다. 예루살렘에서 유월절을 보내려고 갈릴리에서부터 예수님을 따라 예루살렘 순례의 길을 나선 무리의 대다수는 그들의 겉옷을 길에 펴기도 합니다. 열왕기하 9장 13절에서 보면 예후를 왕으로 선포할 때 사람들이 길 위에 겉옷을 편 것처럼 그들은 예루살렘으로 입성하시는 예수님을 왕이신 메시야로서 그가 가시는 길에

그들의 겉옷을 폅니다, 또 다른 이들은 나뭇가지를 베어 길에 펴고 앞에서 가고 뒤에서 따릅니다. 당시 왕을 영접하는 고대의식 가운데 하나가 바로 승리를 상징하는 종려 나뭇가지를 길에 펴거나 손에 들고 흔드는 것이었다고 합니다. 이 무리들과 함께 또한 예루살렘 주민들로 구성되었을 무리들도 모여 환호의 물결을 이루며 소리 높여 호산나 다윗의 자손이여 찬송하리로다 주의 이름으로 오시는 이여 가장 높은 곳에서 호산나 라고 합니다. 여기서 그들이 예수님을 다윗의 자손으로 부른 것은 메시야에 대한 표현으로서 이는 구약에서 예언되고 이스라엘 사람들이 대망하여 온 메시야가 바로 예수라는 것을 강조한 말이며, 여기서 호산나 다윗의 자손이여라는 말은 메시야 만세라는 의미입니다. 그리고 '찬송하리로다 주의 이름으로 오시는 이' 라에서 주는 여호와 하나님을 의미하며, 오시는 이란 메시야를 가리키는 말입니다. 이 말은 당시 예루살렘을 찾아오는 순례자들이 서로를 향하여 하는 인사말 혹은 순례자들이 예루살렘 성전이 보일 무렵부터 기쁜 마음으로 부른 노래였다고 합니다. 이와 같은 과정을 걸쳐서 예수께서 예루살렘에 들어가시니 온 성이 소동하면서 이는 누구냐고 이르는데, 이에 무리가 갈릴리 나사렛에서 나온 선지자 예수라고 이릅니다. 여기에 나오는 무리는 나귀타신 예수께서 예루살렘에 입성하시는 과정 속에 함께 하였던 그 행렬 밖의 무리로서 그들은 예수님을 메시야로 인정하지 않는 이들이었던 것으로 봅니다. 왜냐하면 그들의 대답이 당시 유대인들이 선지자가 나올 수 없는 곳으로 간주하였던 나사렛에서 온 예수라고 비웃는 말을 하였기 때문입니다.

30
성전을
깨끗하게 하시다

마태복음 21 : 12-17

예수께서 성전에 들어가사 성전 안에서 매매하는 모든 사람들을 내쫓으시며 돈 바꾸는 사람들의 상과 비둘기 파는 사람들의 의자를 둘러 엎으시고 그들에게 이르시되 기록된 바 내 집은 기도하는 집이라 일컬음을 받으리라 하였거늘 너희는 강도의 소굴을 만드는도다 하시니라 맹인과 저는 자들이 성전에서 예수께 나아오매 고쳐주시니 대제사장들과 서기관들이 예수께서 하시는 이상한 일과 또 성전에서 소리 질러 호산나 다윗의 자손이여 하는 어린이들을 보고 노하여 예수께 말하되 그들이 하는 말을 듣느냐 예수께서 이르시되 그렇다 어린 아기와 젖먹이들의 입에서 나오는 찬미를 온전하게 하셨나이다 함을 너희가 읽어 본 일이 없느냐 하시고 그들을 떠나 성 밖으로 베다니에 가서 거기서 유하시니라

기도 요점

예수께서 성전을 깨끗하게 하시게 된 연유는? 성전을 깨끗하게 하는 과정에서 예수께서 기록된 바 내 집은 기도하는 집이라 일컬음을 받으리라 하였거든 너희는 강도의 소굴을 만든다고 이르시는데, 이 말씀의 의미는? 성전에서 예수님의 하시는 일과 또 성전에서 소리 질러 호산나 다윗의 자손이여 하는 어린이들을 보고 노한 대제사장들과 서기관들이 예수께 그들이 하는 말을 듣느냐 라고 하자, 이에 대하여 그렇다고 하신 후, 예수님이 이어서 하신 말씀과 그 말씀의 의미는?

도움의 말

예수께서 성전에 들어가시어 성전 안에서 매매하는 모든 사람들을 내쫓으신다. 당시 먼 곳에서부터 성전에 와서 예배드리는 순례자들을 대상으로

희생제사 시 필요한 짐승, 나무, 새, 포도주, 소금, 기름 등이 매매되었다고 합니다. 이 같은 것을 매매하는 곳은 성전 가운데서도 지성소에서 가장 멀리 있는 이방인의 뜰에서 행하여졌다고 합니다. 이곳에서 예수님은 돈 바꾸는 사람들의 상과 비둘기 파는 사람들의 의자를 둘러 엎으시고 그들에게 이사야 56장 7절, 즉 내 집은 기도하는 집이라 일컬음을 받으리라 하였거늘 너희는 강도의 소굴을 만든다고 이르신다. 여기서 예수님은 예레미야 7장 11절에서 예레미야가 성전의 악용 때문에 그 형벌로서 성전이 멸망당할 것을 예언한 말씀을 인용하신다. 당시 강도의 굴혈은 보통 광야의 암벽에 있는 곳으로서 약탈자 혹은 열혈당원 등의 피난처였다고 합니다. 이 같은 예수님의 모든 과정을 지켜보던 대제사장들과 서기관들이 예수께서 하시는 이상한 일과 또 성전에서 소리 질러 호산나 다윗의 자손이여 하는 어린이들을 보고 노합니다. 그래서 대제사장들과 서기관들이 예수님께 그들이 하는 말을 듣느냐고 묻는데, 이에 예수께서 그렇다고 하시며 시편 8편 2절, 즉 어린 아기와 젖먹이들의 입에서 나오는 찬미를 온전하게 하셨나이다 함을 너희가 읽어 본 일이 없느냐고 말씀하신다. 예루살렘으로 입성하실 때 예수께서는 구약에 이미 예언된 호산나 다윗의 자손이여 라는 메시야 찬양으로 메시야 칭호를 받으셨고 이제 성전 안에서 아이들에게까지도 메시야 칭호를 받고 계신다. 그럼에도 이를 바로 알지 못하고 있는 그들을 꾸짖으시고는 예수께서 그들을 떠나 성 밖, 감람산 동쪽 기슭의 나사로와 그의 누이들의 집이 있는 베다니에 가서 거기서 유하신다.

31
무화과나무가
마르다

마태복음 21 : 18-22

이른 아침에 성으로 들어오실 때에 시장하신지라 길 가에서 한 무화과나무를 보시고 그리로 가사 잎사귀 밖에 아무 것도 찾지 못하시고 나무에게 이르시되 이제부터 영원토록 네가 열매를 맺지 못하리라 하시니 무화과나무가 곧 마른지라 제자들이 보고 이상히 여겨 이르되 무화과나무가 어찌하여 곧 말랐나이까 예수께서 대답하여 이르시되 내가 진실로 너희에게 이르노니 만일 너희가 믿음이 있고 의심하지 아니하면 이 무화과나무에게 된 이런 일만 할 뿐 아니라 이 산더러 들려 바다에 던져지라 하여도 될 것이요 너희가 기도할 때에 무엇이든지 믿고 구하는 것은 다 받으리라 하시니라

기도 요점

이른 아침에 성으로 들어오실 때에 시장하시어 길가에서 한 무화과나무를 보시고 예수께서 그리로 가시어 잎사귀 밖에 아무 것도 찾지 못하시고 나무에게 이르신 말씀과 그 말씀의 의미는? 무화과나무가 마른 것을 보고 제자들이 그 이유를 예수님께 질문하며 여쭙고 있는데, 이 질문에 대한 예수님의 대답은?

도움의 말

이른 아침에 성으로 들어오실 때에 시장하신 예수께서 길 가에서 한 무화과나무를 보시고 그리로 가십니다. 당시 유대율법에 따라 길가의 무화과나무의 열매는 따 먹을 수 있었고 지중해 연안 국가에서는 이 열매를 가난한 자의 양식이라고 부른답니다. 그런데 그 나무에서 예수님은 잎사귀 밖에 아무 것도 찾지 못하십니다. 이에 예수님은 나무에게 이제부터 영원토록 네가 열매를 맺지 못하리라고 하시니 무화과나무가 곧 마릅니다. 이 비유는 여호와의 진노의 날이 임박함을 알리는 것으로서 예수께서 3년을 예루살렘에 오셔서도

그리스도를 주로 고백하고 따르는 제자의 열매를 얻지 못하셨음을 의미합니다. 열매 맺지 아니하는 나무가 말라 죽은 것처럼 제자열매를 맺지 못한 예루살렘의 멸망을 예수께서 예고하십니다. 예수님의 말씀대로 무화과나무가 마른 것을 보고 있던 제자들이 이상히 여겨 예수님에게 이르기를 무화과나무가 어찌하여 곧 말랐습니까 라고 이릅니다. 그러자 예수께서 그들에게 두 가지 말씀을 하시는데, 하나는 만일 너희가 믿음이 있고 의심하지 아니하면 이 무화과나무에게 된 이런 일만 할 뿐 아니라 이 산더러 들려 바다에 던져지라 하여도 될 것이라는 말씀입니다. 이는 의심하지 아니하고 믿음을 가져야 할 것을 강조하는 말씀입니다. 다른 하나는 너희가 기도할 때에 무엇이든지 믿고 구하는 것은 다 받으리라는 말씀입니다. 이는 믿고 구하는 능력 있는 기도의 응답을 강조하는 말씀입니다.

32
예수의 권위를
두고 말하다

마태복음 21 : 23-27

예수께서 성전에 들어가 가르치실새 대제사장들과 백성의 장로들이 나아와 이르되 네가 무슨 권위로 이런 일을 하느냐 또 누가 이 권위를 주었느냐 예수께서 대답하시되 나도 한 말을 너희에게 물으리니 너희가 대답하면 나도 무슨 권위로 이런 일을 하는지 이르리라 요한의 세례가 어디로부터 왔느냐 하늘로부터냐 사람으로부터냐 그들이 서로 의논하여 이르되 만일 하늘로부터라 하면 어찌하여 그를 믿지 아니하였느냐 할 것이요 만일 사람으로부터라 하면 모든 사람이 요한을 선지자로 여기니 백성이 무섭다 하여 예수께 대답하여 이르되 우리가 알지 못하노라 하니 예수께서 이르시되 나도 무슨 권위로 이런 일을 하는지 너희에게 이르지 아니하리라

기도 요점

예수께서 성전에 들어가 가르치실 때 대제사장들과 백성의 장로들이 나아와 두 가지 질문을 하는데, 그 질문은 무엇인가? 그들이 이 같은 질문을 한 까닭은? 그들의 질문을 받으신 예수께서 그들에게 나도 한 말을 너희에게 물으리니 너희가 대답하면 나도 무슨 권위로 이런 일을 하는지 이르리라 요한의 세례가 어디로부터 왔느냐 하늘로부터냐 사람으로부터냐고 물으시는데, 이 질문에 대한 그들의 대답은?

도움의 말

예수께서 성전에 들어가 가르치실 새 대제사장들과 백성의 장로들이 나아와 두 가지 질문을 합니다. 하나는 네가 무슨 권위로 이런 일을 하느냐 입니다. 그들은 많은 표적과 같은 이런 일을 보고 알고 있기 때문에 무슨 권위로 이런 일을 하느냐고 질문합니다. 사실 이 질문은 예수님의 권세에 관한 것입니

다. 나른 하나는 누가 이 권위를 주었느냐 입니다. 이는 예수님의 권세의 출처가 하늘로부터냐 혹은 사람으로부터냐 라는 질문입니다. 당시 그들이 예수님의 권위를 말하는 것은 예루살렘 산헤드린의 공식적인 도전으로서 그들의 의도는 예수님으로 하여금 스스로 하나님의 권세를 가진 자라는 대답을 유도하였던 것입니다. 이를 다 알아차리신 예수께서 그들에게 나도 한 말을 너희에게 물으리니 너희가 대답하면 나도 무슨 권위로 이런 일을 하는지 이르겠다고 대답하신다. 그들에게 주신 예수님의 질문은 요한의 세례가 어디로부터 왔느냐 하늘로부터냐 사람으로부터냐 라고 물으신다. 예수께서 이 같은 질문을 그들에게 하신 것은 그들로 하여금 그들의 질문을 스스로 깨닫게 하려는데 있습니다. 그렇기 때문에 이 질문을 받은 그들은 서로 의논하여 이르기를 만일 하늘로부터라 하면 어찌하여 그를 믿지 아니하였느냐 할 것이요 만일 사람으로부터라 하면 모든 사람이 요한을 선지자로 여기니 백성이 무섭다고 하면서 어쩔 수 없이 우리가 알지 못한다는 대답을 예수께 드립니다. 그들의 이 같은 대답을 들으신 예수께서 이르시기를 나도 무슨 권위로 이런 일을 하는지 너희에게 이르지 아니한다고 이르십니다.

_____

_____

_____

_____

_____

33
두 아들의 비유

마태복음 21 : 28-32

그러나 너희 생각에는 어떠하냐 어떤 사람에게 두 아들이 있는데 맏아들에게 가서 이르되 애 오늘 포도원에 가서 일하라 하니 대답하여 이르되 아버지 가겠나이다 하더니 가지 아니하고 둘째 아들에게 가서 또 그와 같이 말하니 대답하여 이르되 싫소이다 하였다가 그 후에 뉘우치고 갔으니 그 둘 중의 누가 아버지의 뜻대로 하였느냐 이르되 둘째 아들이니이다 예수께서 그들에게 이르시되 내가 진실로 너희에게 이르노니 세리들과 창녀들이 너희보다 먼저 하나님의 나라에 들어가리라 요한이 의의 도로 너희에게 왔거늘 너희는 그를 믿지 아니하였으되 세리와 창녀는 믿었으며 너희는 이것을 보고도 끝내 뉘우쳐 믿지 아니하였도다

기도 요점

예수께서 말씀하신 두 아들의 비유에서 맏아들과 둘째 아들의 차이는? 예수께서 이 두 아들 비유를 말씀하신 후 대제사장들과 백성의 장로들에게 이르시기를 세리들과 창녀들이 너희보다 먼저 하나님의 나라에 들어가리라고 하셨는데, 그 이유는?

도움의 말

예수께서 대제사장들과 백성의 장로들에게 너희 생각에는 어떠하냐고 하시며 두 아들의 비유를 말씀하신다. 즉 어떤 사람이 두 아들에게 각각 오늘 포도원에 가서 일하라고 하자 아버지의 말에 순종하여 맏아들은 포도원에 가서 일하러 가겠다고 대답하였으나 가지 아니하였습니다. 아버지가 또한 둘째 아들에게도 포도원에 가서 일하라고 하니 그는 싫다고 대답하였지만 그 후에 뉘우치고 포도원으로 일하러 갔습니다. 이 두 아들의 비유를 말씀하시고, 예수께서 그 둘 중의 누가 아버지의 뜻대로 하였냐고 그들에게 이르십니다. 이에

그들이 둘째 아들이라고 대답합니다. 그러자 예수께서 그들에게 내가 진실로 너희에게 이르노니 세리들과 창녀들이 너희보다 먼저 하나님의 나라에 들어가리라고 하신다. 예수님은 이 두 아들의 비유를 통하여 하나님을 위하여 일한다는 유대지도자들은 하나님의 나라를 전파한 세례요한과 예수님을 거절하였지만 율법을 완전히 행할 수 없기 때문에 스스로 죄인임을 인정하는 세리들과 창녀들은 예수님을 믿음으로 새 사람이 되는 이 두 부류의 서로 상반된 모습을 말씀하고 계십니다. 그렇기 때문에 예수께서 요한이 의의 도로 너희에게 왔거늘 너희는 그를 믿지 아니하였으되 세리와 창녀는 믿었으며 너희는 이것을 보고도 끝내 뉘우쳐 믿지 아니하였다고 이르십니다.

34
포도원 농부 비유

마태복음 21 : 33-39

다른 한 비유를 들으라 한 집 주인이 포도원을 만들어 산울타리로 두르고 거기에 즙 짜는 틀을 만들고 망대를 짓고 농부들에게 세로 주고 타국에 갔더니 열매 거둘 때가 가까우매 그 열매를 받으려고 자기 종들을 농부들에게 보내니 농부들이 종들을 잡아 하나는 심히 때리고 하나는 죽이고 하나는 돌로 쳤거늘 다시 다른 종들을 처음보다 많이 보내니 그들에게도 그렇게 하였는지라 후에 자기 아들을 보내며 이르되 그들이 내 아들은 존대하리라 하였더니 농부들이 그 아들을 보고 서로 말하되 이는 상속자니 자 죽이고 그의 유산을 차지하자 하고 이에 잡아 포도원 밖에 내쫓아 죽였느니라

기도 요점

예수께서 대제사장들과 백성의 장로들에게 한 집 주인이 포도원을 만들어 산울타리로 두르고 거기에 즙 짜는 틀을 만들고 망대를 짓고 농부들에게 세로 주고 타국에 갔더니 열매 거둘 때가 가까우매 그 열매를 받기 위하여 한 일과 이 일에 대한 농부들의 반응은? 포도원 주인과 농부들의 비유를 대제사장들과 백성의 장로들에게 말씀하신 예수님의 목적은?

도움의 말

예수께서 대제사장들과 백성들의 장로들에게 다른 한 비유를 들으라고 하신다. 이는 한 집 주인이 포도원을 만들어 야생동물과 도둑의 침입을 막으려고 가시나무로 울타리를 두르고, 거기에 즙 짜는 틀을 만들고 망대를 짓고서 농부들에게 세를 주고 타국에 간 비유입니다. 포도원을 세운 그 주인은 열매 거둘 때가 가까워지므로 포도열매를 받으려고 자기 종들을 농부들에게 보냅니다. 그러나 농부들은 종들을 잡아 하나는 심히 때리고 하나는 돌로 쳐 죽였습니다. 그리하여 주인이 다시 다른 종들을 처음보다 많이 보냅니다. 그러나 농

부들은 그들에게도 그렇게 하였습니다. 여기서 포도원 주인은 하나님을, 주인이 보낸 종들은 하나님께서 보내신 선지자들을 비유합니다. 이런 의미에서 이는 포도원 주인이신 하나님께서 많은 선지자들을 보내시어 부지런히 이스라엘사람들로 하여금 악의 길에서 돌아서게 하셨으나 그들은 악으로부터 돌아서지 아니하였음을 의미합니다. 이는 또한 하나님께서는 이스라엘의 계속되는 반역에도 불구하고 계속하여 하나님의 크신 사랑으로 끊임없이 하나님의 사람들을 그들에게 보내셨음을 의미합니다. 그리하여도 그들은 끝내 악으로부터 돌아서지 않았기 때문에 결국 포도원 주인인 하나님께서 자기 아들을 보내십니다. 여기서 아들은 예수님을 비유하는데, 하나님께서 자기 아들 예수를 보내시며 이르시기를 그들이 내 아들은 존대하리라 하셨으나 농부들이 그 아들을 보고 서로 말하기를 이는 상속자니 자 죽이고 그의 유산을 차지하자 하며 그를 잡아 포도원 밖에 내쫓아 죽였습니다. 악한 농부들은 포도원 주인에게 주어야 할 세를 주기는 커녕 그 포도원까지 소유하기 위하여 상속자인 아들을 포도원에서 내쫓아 죽인다고 비유로 예수께서 말씀하시는데, 여기서 예수님은 대제사장들과 백성의 장로들 앞에서 그들의 속생각을 그대로 드러내 보이십니다.

35
악한 농부의 비유

마태복음 21 : 40-46

그러면 포도원 주인이 올 때에 그 농부들을 어떻게 하겠느냐 그들이 말하되 그 악한 자들을 진멸하고 포도원은 제 때에 열매를 바칠 만한 다른 농부들에게 세로 줄지니이다 예수께서 이르시되 너희가 성경에 건축자들이 버린 돌이 모퉁이의 머릿돌이 되었나니 이것은 주로 말미암아 된 것이요 우리 눈에 기이하도다 함을 읽어 본 일이 없느냐 그러므로 내가 너희에게 이르노니 하나님의 나라를 너희는 빼앗기고 그 나라의 열매 맺는 백성이 받으리라 이 돌 위에 떨어지는 자는 깨지겠고 이 돌이 사람 위에 떨어지면 그를 가루로 만들어 흩으리라 하시니 대제사장들과 바리새인들이 예수의 비유를 듣고 자기들을 가리켜 말씀하심인 줄 알고 잡고자 하나 무리를 무서워하니 이는 그들이 예수를 선지자로 앎이었더라

기도 요점

포도원을 세로 준 포도원 주인이 열매를 얻으려고 그의 종들과 아들을 보내자 악한 농부들이 그 모두를 죽이는 비유를 말씀하신 후, 예수께서 대제사장들과 백성의 장로들에게 포도원 주인이 올 때에 그 농부들을 어떻게 하겠느냐 라고 물으시는데, 이 질문에 대한 그들의 대답은? 악한 농부의 비유와 또한 그들에게 주신 세 가지의 말씀을 다 들은 대제사장들과 백성의 장로들의 반응은?

도움의 말

포도원을 세로 준 포도원 주인이 열매를 얻으려고 그의 종들과 아들을 보내자 악한 농부들이 그 모두를 죽이는 비유를 말씀하신 후, 예수께서 대제사장들과 백성의 장로들에게 포도원 주인이 올 때에 그 농부들을 어떻게 하겠느냐 라고 물으신다. 여기서 주인이 올 때란 포도원 주인이신 하나님께서 징벌

하실 때를 의미합니다. 그러나 그들은 예수님의 이 질문을 듣고, 그 악한 농부들을 진멸하고 포도원은 제 때에 열매를 바칠 만한 다른 농부들에게 세를 줘야 된다고 합니다. 그러자 예수께서 그들에게 세 가지 말씀을 하십니다. 첫째는 너희가 성경에 건축자들이 버린 돌이 모퉁이의 머릿돌이 되었나니 이것은 주로 말미암아 된 것이요 우리 눈에 기이하다는 말씀을 읽어 본 일이 없느냐고 말씀하신다. 이는 시편 118편 22-23절을 인용한 것으로서 예수께서는 이 말씀 모두가 예수님 자신을 증거하고 있다는 사실을 지적하십니다. 예수 당시 건축자들인 이스라엘의 정치 종교 등의 지도자들은 인간을 죄로부터 구원하실 메시야이신 예수님을 내어 버렸으므로 예수님은 건축자들의 버린 돌인 자신이 모퉁이의 머릿돌이 되었다고 말씀하십니다. 또한 여기서 예수님은 악한 농부로 비유된 산헤드린 공의회 사람들이 예수님을 새 이스라엘을 건설하실 그들의 메시야로서 적합하지 않다고 하여 버림을 받은 돌이라고 자신을 말씀하고 계십니다. 둘째는 내가 너희에게 이르는데, 하나님의 나라를 너희는 빼앗기고 그 나라의 열매 맺는 백성이 받으리라는 말씀입니다. 하나님의 선민으로서 율법을 전달하는 특권을 가졌던 유대의 종교 지도자들은 그 권한을 박탈당하고 이제 하나님의 나라의 열매 맺는 백성들이 그리스도 예수님의 복음을 전달하는 특권과 사명을 갖게 되었다는 것을 예수께서 말씀하고 계십니다. 셋째는 이 돌 위에 떨어지는 자는 깨지겠고 이 돌이 사람 위에 떨어지면 그를 가루로 만들어 흩으리라는 말씀입니다. 이는 예수님의 말씀을 믿지 못하는 사람들의 불신앙이 스스로를 넘어지게 하는 거침돌이 되어 하나님 나라에 들어가지 못한다는 것을 드러내는 말씀입니다. 또한 이 돌이 사람 위에 떨어진다는 말씀은 예수께서 모든 사람을 심판하러 오실 종말의 때를 말씀하시는 것으로서 그때에는 악한 자들은 영원한 불구덩이로 들어가게 된다는 것을 말씀하십니다. 예수님의 이 같은 말씀들을 모두 들은 대제사장들과 바리새인들이 이 비유는 자기들을 가리켜 말씀하심인 줄 알고 예수님을 잡고자 하지만 무리를 무서워하여 잡지 못합니다. 왜냐하면 당시 무리들은 예수님을 선지자로 알고 있었기 때문입니다.

36
혼인 잔치 비유

마태복음 22 : 1-14

예수께서 다시 비유로 대답하여 이르시되 천국은 마치 자기 아들을 위하여 혼인 잔치를 베푼 어떤 임금과 같으니 그 종들을 보내어 그 청한 사람들을 혼인 잔치에 오라 하였더니 오기를 싫어하거늘 다시 다른 종들을 보내며 이르되 청한 사람들에게 이르기를 내가 오찬을 준비하되 나의 소와 살진 짐승을 잡고 모든 것을 갖추었으니 혼인 잔치에 오소서 하라 하였더니 그들이 돌아보지도 않고 한 사람은 자기 밭으로, 한 사람은 자기 사업하러 가고 그 남은 자들은 종들을 잡아 모욕하고 죽이니 임금이 노하여 군대를 보내어 그 살인한 자들을 진멸하고 그 동네를 불사르고 이에 종들에게 이르되 혼인 잔치는 준비되었으나 청한 사람들은 합당하지 아니하니 네거리 길에 가서 사람을 만나는 대로 혼인 잔치에 청하여 오라 한대 종들이 길에 나가 악한 자나 선한 자나 만나는 대로 모두 데려오니 혼인 잔치에 손님들이 가득한지라 임금이 손님들을 보러 들어올새 거기서 예복을 입지 않은 한 사람을 보고 이르되 친구여 어찌하여 예복을 입지 않고 여기 들어왔느냐 하니 그가 아무 말도 못하거늘 임금이 사환들에게 말하되 그 손발을 묶어 바깥 어두운 데에 내던지라 거기서 슬피 울며 이를 갈게 되리라 하니라 청함을 받은 자는 많되 택함을 입은 자는 적으니라

기도 요점

예수께서 혼인 잔치비유에서 천국은 마치 자기 아들을 위하여 혼인 잔치를 베푼 어떤 임금과 같다고 말씀하시는데, 이 비유가 의미하는 바는? 혼인잔치가 준비되어 임금이 그 종들을 보내어 그 청한 사람들을 혼인 잔치에 오라 하였더니 오기를 싫어하거늘 다시 다른 종들을 보내며 이르되 청한 사람들에게 이르기를 내가 오찬을 준비하되 나의 소와 살진 짐승을 잡고 모든 것을 갖추었으니 혼인 잔치에 오소서 하라 하였는데, 이 초청에 대한 그들의 반

응과 그 결과는?

도움의 말

예수께서 다시 비유로 대제사장들과 백성의 장로들에게 천국은 마치 자기 아들을 위하여 혼인 잔치를 베푼 어떤 임금과 같다고 하십니다. 여기서 임금은 하나님을 가리키고, 또한 아들은 예수님을 비유합니다. 예수님은 자신의 사역 즉 천국의 사역을 왕이신 하나님께서 그 아들, 예수님을 위하여 베푸시는 혼인잔치로 비유하여 말씀하십니다. 이처럼 예수께서 천국을 혼인잔치로 비유하신 것은 하나님을 떠난 죄의 용서와 함께 하나님과 화목하게 되는 메시야 왕국의 사랑과 기쁨을 드러낸 말씀입니다. 예수님 당시 부자들은 혼인잔치의 일자를 정해 놓고 종들을 보내 손님을 미리 청해 놓습니다, 잔치 시간은 잔치 당일에 오찬준비가 마치는 대로 다시 종들을 내 보내어 손님을 인도하여 왔다고 합니다. 그래서 모든 준비를 마치고 그 임금은 자기 아들의 혼인잔치에 그 종들을 보내어 그 청한 사람들을 혼인 잔치에 오라고 하였지만 그들이 오기를 싫어했습니다. 이에 임금이 다시 다른 종들을 보내며 청한 사람들에게 이르기를 내가 오찬을 준비하되 나의 소와 살진 짐승을 잡고 모든 것을 갖추었으니 혼인 잔치에 오라고 합니다. 그런데 초청받은 그들이 각자의 임무로 인하여 돌아보지도 않고 그들 가운데 한 사람은 자기 밭으로, 한 사람은 자기 사업하러 갑니다. 여기서 임금이 그의 소유물로 정성껏 준비한 오찬은 초청받은 이들이 충분히 먹고 만족할 수 있는 음식으로서 이것은 천국에서 천국백성들을 구원하기에 충분한 것이 준비되어 있다는 것을 비유합니다. 하나님의 아들이며 신랑이신 예수께서는 신부인 하나님나라 백성을 값 주고 사기 위하야 친히 제물이 되셨습니다. 예수께서는 자신의 몸을 사람들이 먹고 영원히 살 수 있는 생명의 떡으로 말씀하시며 또한 자신으로부터 나오는 생수가 영원히 목마르지 않게 하시는 생수라고 말씀하신다. 그 외 그 남은 자들은 종들을 잡아 모욕하고 죽입니다. 혼인잔치의 비유에서 이 종들은 하나님의 나라와 메시야 도래를 예언하였던 구약의 선지자들이나 당시 천국복음을 전파한 세례 요한을 상징합니다. 사실 세례 요한은 천국이 가까이 왔다고 선포하면서 자신을 신부를 취하는 신랑 예수님의 친구로서의 기쁨을 비유적으로 말한 바 있습니다. 여기서 예수님은 당시 세례 요한이 죽임을 당하였고, 예수님까지도 믿지 아니하고 죽이려고 하며 예수님의 사도들로 시작된 하나님나라의 전도자들까지도 모해하며 죽이려 한다는 것을 이 비유를 통하여 말씀하십니다. 초청받는 이들의 이 같은 행동을 종들로부터 들은 임금이 노하여 군대를 보내어 그 살인한 자들을 진멸하고 그 동네를 불사른다고 예수께서 말씀하시는데, 이는 주후 70년경 그대로 응하였습니다. 이 비유의 말씀에서 이 같이 분노한 임금이 종들에게 혼인 잔치는 준비되었으나 청한 사람들은 합당하지 아니하므로 네거리 길에 가서 사람을 만나는 대로 혼인 잔치에 청하여 오라고 합니다. 여기서 말하는 청한 사람들이란 하나님의 택하심을 입은 이스라엘과 그들의 지도자들을 의미합니다. 그들은 하나님의 초청을 거절하였기 때문에 다른 사람들, 즉 바리새인들이 싫어하는 가난한 자들, 병자들 소경들 등이 초청됩니다. 이 같이 하여 임금의 명령에 따라 종들이 길에 나가 악한 자나 선한 자나 만나는 대로 모두 데려오므로 혼인 잔치에 손님들이 가득합니다. 그래서 임금이 손님들을 보러 들어오니 거기서 예복을 입지 않은 한 사람을 봅니다. 당시 잔치에 주인이 처음부터 함께 하지 않고 식사시간이 되면 나타나 손님을 환영하였다고 합니다. 이는 예수께서 재림하시어 양과 염소를 갈라내듯 심판하시는 것을 가리키는 비유로서 여기서 예복이란 하나님께서 입혀주시는 의의 옷 구원의 옷을 상징합니다. 당시 유대인들은 그들 각자가 행한 의의 분량만큼 구원과 상급을 얻는다고 생각하였으며 이방인과 죄인들을 메시야 왕국의 잔치에 참여할 수 없다고 생각하였습니다. 그런데 오히려 그들이 천국복음의 말씀을 듣고 하나님의 사랑을 받아들이고 회개하여 하나님께서 주신 예복을 입게 됩니다. 그러나 혼인잔치에 참여한 한 사람이 이런 예복을 입지 않은 것입니다. 이에 임금이 그에게 이르기를 친구여 어찌하여 예복을 입지 않고 여기 들어왔느냐고 묻습니다. 이 질문을 받고 그가 아무 말도 못하는데, 임금이 사환들에게 말하기를 그 손발을 묶어 바깥 어두운 데에 내던지라 거기서 슬피 울며 이를 갈게 되리라고 말합니다. 이는 마지막 심판에 대한 형벌을 비유적으로 표현한 것입니다. 이어서 임금은 청함을 받은 자는 많되 택함을 입은 자는 적다고 말합니다. 여기서 택함을 입은 것이란 혼인잔치를 맛볼 수 있는 자격을 얻은 것을 의미하며, 그 자격의 조건은 오로지 부르심을 받고 주시는 예복을 입는 것입니다.

37
외식하는 자들아
어찌하여 나를 시험하느냐

마태복음 22 : 15-22

이에 바리새인들이 가서 어떻게 하면 예수를 말의 올무에 걸리게 할까 상의하고 자기 제자들을 헤롯 당원들과 함께 예수께 보내어 말하되 선생님이여 우리가 아노니 당신은 참되시고 진리로 하나님의 도를 가르치시며 아무도 꺼리는 일이 없으시니 이는 사람을 외모로 보지 아니하심이니이다 그러면 당신의 생각에는 어떠한지 우리에게 이르소서 가이사에게 세금을 바치는 것이 옳으니이까 옳지 아니하니이까 하니 예수께서 그들의 악함을 아시고 이르시되 외식하는 자들아 어찌하여 나를 시험하느냐 세금 낼 돈을 내게 보이라 하시니 1)데나리온 하나를 가져왔거늘 예수께서 말씀하시되 이 형상과 이 글이 누구의 것이냐 이르되 가이사의 것이니이다 이에 이르시되 그런즉 가이사의 것은 가이사에게, 하나님의 것은 하나님께 바치라 하시니 그들이 이 말씀을 듣고 놀랍게 여겨 예수를 떠나가니라

기도 요점

당시 바리새인들이 예수님을 말의 올무에 걸리게 하기 위하여 그들의 제자들을 헤롯 당원들과 함께 예수님께 보내었는데, 그들이 예수께 와서 한 말들과 그 의미는? 바리새인들이 와서 당신의 생각에는 어떠한지 우리에게 이르소서 가이사에게 세금을 바치는 것이 옳으니이까 옳지 아니하니이까 라는 질문을 하였는데, 이에 대한 예수님의 대답과 그 의미는?

도움의 말

무리들이 예수님을 따르기 때문에 바리새인들이 가서 어떻게 하면 예수를 말의 올무에 걸리게 할까 상의합니다. 그리하여 바리새인들은 자기 제자들을 헤롯 당원들과 함께 예수께 보냅니다. 그들이 와서 예수님께 세 가지 말을 합

니다. 첫째, 선생님이라는 말을 합니다. 이는 당시 랍비와 같은 의미로서 그들은 예수님을 진리와 권위를 갖추고 가르치시는 분으로 예우합니다. 둘째, 당신은 참되시고 진리로 하나님의 도를 가르치신다는 말을 합니다. 그들은 예수님을 참된 선생님으로 예우할 뿐만 아니라 옳은 것과 그른 것을 판단하며 하나님의 도를 가르친다는 말을 합니다. 셋째, 당신은 아무도 꺼리는 일이 없으시고 사람을 외모로 보지 아니하신다는 말을 합니다. 이는 예수께서 지금까지 가르치시고 행동하시는데 있어서 관원들의 권세나 백성들의 반응을 두려워하지 않았다는 것을 지적하는 말입니다. 이 같은 말로 예수님을 높이고 난 후, 그들은 예수님께 당신의 생각에는 우리가 가이사에게 세금을 바치는 것이 옳으니이까 옳지 아니하니이까 라는 질문을 합니다. 당시 유대지방의 납세 문제는 민감하였다고 합니다. 왜냐하면 유대지방은 황제가 임명하는 총독이 다스리게 되므로 유대 백성들은 로마 황제인 가이사에게 직접 세금을 바쳐야 하기 때문이라고 합니다. 이때 가이사는 주후 12-37년에 로마를 통치한 테베리우스 황제였고, 로마정부는 매 14년 마다 한 번 그 각 지방에서 바쳐야 하는 세금의 총량을 결정하기 위하여 인구조사를 하였다고 합니다. 사실 이스라엘에서는 바벨론 유수 때부터 이방지배자들에게 조공을 바쳐왔습니다. 그러나 이스라엘은 이를 하나님의 심판으로 받아들였기에 문제가 되지 않았는데, 그 인구조사를 할 그 때쯤에 갈릴리 사람 유다가 이스라엘의 왕은 하나님이신데, 이방 왕들에게 세금을 바치어 이를 인정하게 될 경우, 이는 하나님께 대한 반역이라고 주장하였다고 합니다. 게다가 하나님 선민이 예루살렘 성전이 있는 유대 땅의 소출에서 십일조를 성전에 드리면서 그 동일한 소출에서 이방인 왕의 통치아래 있다는 표시로 세를 바치는 것을 꺼려하였다고 합니다. 당시 열심당은 이 일을 수치로 여겼으나 헤롯당은 헤롯가문을 재흥하여 헤롯 대왕의 좋았던 시절로 돌이키려고 로마제국에 협력하여 납세도 적극적으로 권장하였던 터라 이러한 상황에서 가이사에게 세금을 바치는 것이 가하냐 아니냐 라는 그들의 질문은 예수님을 궁지로 몰려는 의도가 분명한 질문입니다. 이 질문을 들으신 예수께서는 그들의 악함을 아시고 이르시기를 외식하는 자들아 어찌하여 나를 시험하느냐 라고 하시며 세금 낼 돈을 내게 보이라고 말씀하신다. 그러자 그들은 데나리온 하나를 가져옵니다. 예수께서 그들에게 이 형상과 이 글이 누구의 것이냐고 묻습니다. 당시 화폐는 왕권의 상징으로서 왕이 왕위에 오르면 즉시 자기 자신의 화폐를 발행하였다고 합니다. 그렇기 때문에 그들이 가진 주화는 가이사의 것이었습니다. 그래서 그들은 예수님께 그 주화는 가이사의 것이라고 대답합니다. 이에 예수께서 그런즉 가이사의 것은 가이사에게, 하나님의 것은 하나님께 바치라고 하시는데, 여기서 하나님의 것이란 십일조와 성전세와 헌물들입니다. 그들이 이 말씀을 듣고 놀랍게 여겨 예수를 떠나가는데, 사실 당시 그들은 하나님께 바쳐야 할 것을 하나님께 바치지도 아니하였고 가이사의 것도 가이사에게 돌리지 않으려고 했다고 합니다.

38
부활 때에는 장가도 시집도
아니 가고 하늘에 있는
천사와 같으니라

마태복음 22 : 23-30

부활이 없다 하는 사두개인들이 그 날 예수께 와서 물어 이르되 선생님이여 모세가 일렀으되 사람이 만일 자식이 없이 죽으면 그 동생이 그 아내에게 장가 들어 형을 위하여 상속자를 세울지니라 하였나이다 우리 중에 칠 형제가 있었는데 맏이가 장가 들었다가 죽어 상속자가 없으므로 그 아내를 그 동생에게 물려 주고 그 둘째와 셋째로 일곱째까지 그렇게 하다가 최후에 그 여자도 죽었나이다 그런즉 그들이 다 그를 취하였으니 부활 때에 일곱 중의 누구의 아내가 되리이까 예수께서 대답하여 이르시되 너희가 성경도, 하나님의 능력도 알지 못하는 고로 오해하였도다 부활 때에는 장가도 아니 가고 시집도 아니 가고 하늘에 있는 천사들과 같으니라

기도 요점

예수께서 부활에 관한 말씀을 사두개인들과 나누고 계시는데, 그 대화 가운데서 가장 마음에 와 닿은 말씀은? 부활 때에는 장가도 아니 가고 시집도 아니 가고 하늘에 있는 천사들과 같다고 예수께서 말씀하시는데, 이 말씀의 의미는?

도움의 말

바리새인들과 헤롯 당원들이 예수님을 함정에 빠뜨리는 것을 실패한 그날 부활이 없다고 하는 사두개인들이 예수께 옵니다. 그들이 와서 예수님께 선생님이여 모세는 사람이 만일 자식이 없이 죽으면 그 동생이 그 아내에게 장가 들어 형을 위하여 상속자를 세우라고 하였습니다. 그런데 우리 중에 칠 형제가 있었는데 맏이가 장가 들었다가 죽어 상속자가 없으므로 그 아내를 그 동

생에게 물려주고 그 둘째와 셋째로 일곱째까지 그렇게 하다가 최후에 그 여자도 죽었습니다. 그런즉 그들이 다 그를 취하였으니 부활 때에 일곱 중의 누구의 아내가 되겠습니까 라고 예수님께 묻습니다. 이 질문은 부활 후의 삶이 이 세상에서의 삶과 대응된다는 측면에서 나온 것으로 볼 수 있습니다. 그렇기 때문에 사두개인들은 살아서 그 일곱 형제가 다 그를 아내로 취하였으니 부활 때에 일곱 중의 누구의 아내가 되겠냐고 예수님께 물었던 것입니다. 사두개인들에게 있어서 그 여자가 부활 후에 누구의 아내가 될 것인지 그 대답이 주어지지 않는다면, 부활이란 것은 그들에게 있어서 불합리한 것으로 여겨질 뿐입니다. 이에 예수께서 그들에게 너희가 성경도 하나님의 능력도 알지 못하는 고로 오해하였다고 이르십니다. 이 대답은 부활이 있다는 대답이십니다. 만약 부활이 없다면 예수님의 부활도 가능한 것이 아니기 때문에 예수님은 사두개인들에게 너희는 성경도 알지 못한다 말씀하십니다. 또한 예수님은 그들에게 천사와 같은 영적인 존재를 만드신 하나님께서는 영혼과 흙이 된 육체를 통하여 영적인 몸을 만드시는 것은 어려운 일이 아니시니 그들은 하나님의 능력도 알지 못하여 오해하고 있다고 대답하십니다. 그리고 이어서 예수님은 그들에게 부활 때에는 장가도 아니 가고 시집도 아니 가고 하늘에 있는 천사들과 같다고 하신다. 이 말씀에서 예수님은 인간의 부활체의 상태를 천사들과 비교하여 가르치시는데, 이는 천사들이 영적인 존재이듯이 부활한 인간도 영적인 존재라는 말씀입니다.

39
하나님은 죽은 자의 하나님이 아니라
살아 있는 자의 하나님이시라

마태복음 22 : 31-33

죽은 자의 부활을 논할진대 하나님이 너희에게 말씀하신 바 나는 아브라함의 하나님이요 이삭의 하나님이요 야곱의 하나님이로라 하신 것을 읽어 보지 못하였느냐 하나님은 죽은 자의 하나님이 아니요 살아 있는 자의 하나님이시니라 하시니 무리가 듣고 그의 가르치심에 놀라더라

기도 요점

예수께서 죽은 자의 부활을 말씀하시면서 창세기 3장 6절 상반, 나는 아브라함의 하나님이요 이삭의 하나님이요 야곱의 하나님이로라 하신 것을 읽어 보지 못하였느냐고 말씀하시는데, 이 말씀의 의미는? 이어서 예수께서 하나님은 죽은 자의 하나님이 아니라 살아 있는 자의 하나님이시라고 말씀하시는데, 이 말씀의 의미는?

도움의 말

죽은 자의 부활을 말씀하시면서 예수님은 무리에게 창세기 3장 6절의 여호와께서 모세에게 '나는 네 조상의 하나님이니 아브라함의 하나님, 이삭의 하나님, 야곱의 하나님'이라고 말씀하신 것을 읽어 보지 못하였느냐는 말씀을 인용하신다. 예수께서 인용하신 이 말씀은 하나님은 모세 당시의 이스라엘백성만이 아니라 예수님 당시의 이스라엘백성인 그들에게도 말씀하신 것으로서 이는 하나님의 언약 안에 있는 백성들에게 시공간을 초월하여 영원한 하나님의 말씀이라는 것을 의미합니다. 그렇기 때문에 예수께서 하나님은 죽은 자의 하나님이 아니요 살아 있는 자의 하나님이시라고 말씀하십니다. 누가복음 20장 38절에서는 이 말씀과 더불어 하나님에게는 모든 사람이 살았다고 말씀하시는데, 이는 부활과 영혼의 존재에 관한 말씀입니다. 이 같은 예수님의 가르치심을 들은 무리가 놀랍니다.

40
가장 큰 계명

마태복음 22 : 34-40

예수께서 사두개인들로 대답할 수 없게 하셨다 함을 바리새인들이 듣고 모였는데 그 중의 한 율법사가 예수를 시험하여 묻되 선생님 율법 중에서 어느 계명이 크니이까 예수께서 이르시되 네 마음을 다하고 목숨을 다하고 뜻을 다하여 주 너의 하나님을 사랑하라 하셨으니 이것이 크고 첫째 되는 계명이요 둘째도 그와 같으니 네 이웃을 네 자신 같이 사랑하라 하셨으니 이 두 계명이 온 율법과 선지자의 강령이니라

기도 요점

예수께서 말씀하신 크고 첫째 되는 계명은 무엇입니까? 예수께서 말씀하신 둘째 계명은 무엇입니까? 크고 첫째 되는 계명과 둘째 계명의 관계는?

도움의 말

예수님의 부활과 영혼의 가르침이 사두개인들로 하여금 대답할 수 없게 하셨다 함을 바리새인들이 듣고 모였습니다. 바리새인들 중의 한 율법사가 예수를 시험하여 묻기를 선생님 율법 중에서 어느 계명이 크냐고 묻습니다. 당시 유대인들이 계명들을 크고 작은 것으로 구별하였는데, 그 이유는 율법준수 정신에서 나왔다고 합니다. 그들의 질문을 받으신 예수께서 크고 첫째 되는 계명과 둘째 계명을 그들에게 이르십니다. 크고 첫째 계명은 네 마음을 다하고 목숨을 다하고 뜻을 다하여 주 너의 하나님을 사랑하라는 계명입니다. 이 말씀은 신명기 6장 5절의 말씀을 인용한 것으로서 이는 십계명의 전반부인 하나님에 대한 계명의 포괄적인 요약입니다. 사실 이 말씀은 당시 유대인의 가정과 성전에서 매일 예배에 사용한 신앙고백문인 쉐마의 한 부분입니다. 그들은 매일 두 번씩 소리 높여 이 말씀을 암송하였다고 합니다. 둘째는 네 이웃을 네 자신 같이 사랑하라는 계명입니다. 이 말씀은 예수께서 레위기

19장 18절 말씀을 인용한 것으로서 이는 십계명의 후반부인 사람에 대한 계명의 포괄적인 요약입니다. 예수께서는 이 두 계명이 온 율법과 선지자의 강령이라고 하시는데, 여기서 온 율법과 선지자들은 구약성경 전체를 강조한 말씀입니다. 사실 하나님을 사랑하는 계명과 이웃을 사랑하라는 이 두 계명은 서로 분리되거나 대등한 것이 아닙니다. 그렇지만 이 두 계명은 원인과 결과처럼 뿌리와 열매처럼 서로 연결되어 있습니다.

41
그리스도와 다윗의 자손

마태복음 22 : 41-46

바리새인들이 모였을 때에 예수께서 그들에게 물으시되 너희는 그리스도에 대하여 어떻게 생각하느냐 누구의 자손이냐 대답하되 다윗의 자손이니이다 이르시되 그러면 다윗이 성령에 감동되어 어찌 그리스도를 주라 칭하여 말하되 주께서 내 주께 이르시되 내가 네 원수를 네 발 아래에 둘 때까지 내 우편에 앉아 있으라 하셨도다 하였느냐 다윗이 그리스도를 주라 칭하였은즉 어찌 그의 자손이 되겠느냐 하시니 한 마디도 능히 대답하는 자가 없고 그 날부터 감히 그에게 묻는 자도 없더라

기도 요점

예수께서 바리새인들에게 너희는 그리스도에 대하여 어떻게 생각하느냐 누구의 자손이냐 라는 질문을 하시자 이에 대한 그들의 대답은? 그들의 대답을 들으신 예수께서 시편 110편 1절을 인용하시면서 다윗이 그리스도를 주라 칭하였은즉 어찌 그의 자손이 되겠느냐고 말씀하시는데, 이 말씀의 의미는? 이 말씀을 들은 그들의 반응은?

도움의 말

바리새인들이 모였을 때에 예수께서 그들에게 너희는 그리스도에 대하여 어떻게 생각하느냐 누구의 자손이냐 라고 물으신다. 이에 그들이 다윗의 자손이라고 대답하는데, 이는 선지자와 시편에 근거한 대답입니다(삼하 7 : 13, 14 ; 사 11 : 1, 렘 23 : 5). 그들의 대답을 들으신 예수께서 그렇다면 다윗이 성령에 감동되어 어찌 그리스도를 주라 칭하여 말하되 주께서 내 주께 이르시되 내가 네 원수를 네 발 아래에 둘 때까지 내 우편에 앉아 있으라 하셨도다 하였느냐 라고 하십니다. 여기서 예수님은 그들에게 다윗이 그리스도를 주라 칭하였은즉 어찌 그의 자손이 되겠느냐고 하십니다. 즉 예수님은 시편 110편

1절을 인용하시면서 다윗이 그리스도께서 다윗의 주가 되는 사실을 밝히 말하였다는 것을 지적하고 계십니다. 바리새인들 역시 시편 110편이 메시야 예언인 것과 이것을 다윗이 성령의 감동으로 기록하였다는 것을 알고 있었으나 예수님은 사람이면서 자칭 하나님이라고 말하는 것을 용납하지 않았습니다(요 10 : 33). 또한 여기서 그리스도의 원수는 마귀와 그 세력들인데, 예수님은 당시 예수님을 믿지 않고 죽이려하는 유대인들에게 마귀의 자식들이라고 하셨으며(요 8 : 44), 가룟 유다를 마귀라고 하셨습니다(요 6 : 70). 이런 의미에서 그리스도의 원수는 마귀와 그 세력들로서 하나님의 거룩하고 의로운 통치를 비방하며 백성들로 하여금 그 통치를 받지 않도록 하며 하나님을 대항하고 그 일을 훼방하는 것을 지칭합니다. 이 같은 의미의 예수님의 말씀을 들은 그들 가운데 한 마디도 능히 대답하는 자가 없고 그 날부터 감히 예수님에게 묻는 자도 없었습니다.

42
서기관들과 바리새인들의 외식

마태복음 23 : 1-7

이에 예수께서 무리와 제자들에게 말씀하여 이르시되 서기관들과 바리새인들이 모세의 자리에 앉았으니 그러므로 무엇이든지 그들이 말하는 바는 행하고 지키되 그들이 하는 행위는 본받지 말라 그들은 말만 하고 행하지 아니하며 또 무거운 짐을 묶어 사람의 어깨에 지우되 자기는 이것을 한 손가락으로도 움직이려 하지 아니하며 그들의 모든 행위를 사람에게 보이고자 하나니 곧 그 경문 띠를 넓게 하며 옷술을 길게 하고 잔치의 윗자리와 회당의 높은 자리와 시장에서 문안 받는 것과 사람에게 랍비라 칭함을 받는 것을 좋아하느니라

기도 요점

예수께서 무리와 제자들에게 서기관들과 바리새인들을 꾸짖으신 까닭은? 그들이 예수님으로부터 꾸짖음을 받은 구체적인 내용들은?

도움의 말

예수께서 무리와 제자들에게 당시 구약율법연구와 교육을 전담하였던 모세의 자리에 앉은 서기관들과 철저히 율법을 준수하였던 바리새인들의 허식 세 가지를 말씀하면서 그들을 꾸짖으십니다. 첫째는 모세의 자리에 앉은 그들이 말하는 바는 무엇이든지 행하고 지키되 그들이 하는 행위는 본받지 말라는 말씀입니다. 여기서 모세의 자리란 모세의 율법을 가르치는 역할을 맡은 공식적인 율법교사의 석재로 만든 자리를 가리키는 것으로서 이는 그들의 잘못된 권위의식을 지적하시는 말씀입니다. 이뿐만이 아닙니다. 그들은 말만 하고 행하지 아니하며 또 무거운 짐을 묶어 사람의 어깨에 지우되 자기는 이것을 한 손가락으로도 움직이려 하지 아니한다고 말씀하십니다. 예수께서 말씀하시는 무거운 짐이란 엄격하게 율법을 지켜야하는 의무와 더불어 자의적 율법해석으로 각종 규범과 전통적인 계율들, 그리고 아주 사소한 것에 이르기까지 세분화된 규칙과 예법 등을 가리키는데, 이를 그들은 하나도 지키지 않

고 백성에게 지움으로써 백성으로 하여금 곡해된 율법의 노예가 되게 하였다고 꾸짖으십니다. 둘째는 그들의 모든 행위는 하나님에게 보이려하기보다는 오로지 사람에게 보이려하기 때문에 그들은 그 경문 띠를 넓게 하며 옷술을 길게 한다는 말씀입니다. 여기서 말하는 그 경문의 띠는 원래 율법을 기억하고 경건에 힘쓰려는 목적으로 차고 다녔는데, 점점 자신의 경건을 드러낼 목적으로 이를 몸에 지니고 다녔다고 합니다. 이 경문은 경건한 유대인들이 율법서에서 취한 네 부분의 말씀, 즉 출애굽기 13장 2절과 10장 11-16절, 신명기 6장 4-9절과 11장 13-21절을 써 넣은 한 조각의 고급 피지를 담은 사각형의 상자였고 묶는 끈으로 연결되어 있으며 가죽이나 양피지로 덮혀 있었다고 합니다. 그들은 그 경문 띠를 넓게 하며 옷술을 길게 하여 사람들의 눈에 잘 띄게 하였다고 예수께서 꾸짖으시는데, 여기서 옷술이란 민수기 15장 38절과 신명기 22장 12절 등에서 명한대로 '심라'라는 겉옷 네 귀에 단 술을 가리킨다고 합니다. 이 술은 석류 모양의 장식으로 되어 있으며 주로 단청색실로 짜여 졌는데, 이 청색은 하늘의 하나님과 하나님의 언약의 영원성과 순결성을 상징한다고 합니다. 그렇지만 유대인들은 이 청색의 술을 달아 하나님의 영광을 드러내기보다는 자기의 거룩함을 자랑하는데 힘썼다고 합니다. 셋째는 그들은 잔치의 윗자리와 회당의 높은 자리와 시장에서 문안 받는 것과 사람에게 랍비라 칭함을 받는 것을 좋아한다고 꾸짖는 말씀입니다. 잔치의 윗자리란 많은 사람을 초대하여 밤이 되도록 즐기는 저녁식사 시 상을 중심으로 바닥에 기댄 채 식사하는 당시 유대 풍습에 의하면, 출입구에서 제일 안쪽에는 잔치의 주역이 그리고 그 오른쪽 끝에는 가장 귀한 손님이 앉았다고 합니다. 바로 이 우측 상단 끝이 상석이며, 이곳에서는 몸을 틀거나 고개를 좌우로 하지 않아도 식탁 전면을 바라볼 수 있다고 합니다. 그리고 회당의 높은 자리는 예루살렘을 향하여 배치된 회당 내부 중 사람들을 정면으로 바라볼 수 있는 회당 관리자 옆, 곧 궤 앞의 우측 상단의 자리라고 합니다. 이곳에서 존경받는 자들과 회당의 지도자들이 앉아 지혜를 가르쳤다고 합니다. 시장과 같은 공공장소에서 그들은 문안 받는 것과 사람에게 랍비라 칭함을 받는 것을 좋아한다고 예수께서 말씀하십니다.

43
화 있을진저
서기관들과 바리새인들이여

마태복음 23 : 8-14

그러나 너희는 랍비라 칭함을 받지 말라 너희 선생은 하나요 너희는 다 형제니라 땅에 있는 자를 아버지라 하지 말라 너희의 아버지는 한 분이시니 곧 하늘에 계신이시니라 또한 지도자라 칭함을 받지 말라 너희의 지도자는 한 분이시니 곧 그리스도시니라 너희 중에 큰 자는 너희를 섬기는 자가 되어야 하리라 누구든지 자기를 높이는 자는 낮아지고 누구든지 자기를 낮추는 자는 높아지리라 화 있을진저 외식하는 서기관들과 바리새인들이여 너희는 천국 문을 사람들 앞에서 닫고 너희도 들어가지 않고 들어가려 하는 자도 들어가지 못하게 하는도다(없음)

기도 요점

예수께서 무리와 제자들에게 받지 말고 하지 말아야 할 것을 이르셨는데, 구체적으로 이는 무엇인가요? 예수께서 화 있을진저 외식하는 서기관들과 바리새인들이여 너희는 천국 문을 사람들 앞에서 닫고 너희도 들어가지 않고 들어가려 하는 자도 들어가지 못하게 한다고 이르시는데, 그 까닭은?

도움의 말

예수께서 무리와 제자들에게 받지 말 것 두 가지와 하지 말 것 한 가지를 이르십니다. 받지 말 것 두 가지 가운데 하나는 랍비라 칭함을 받지 말라는 것입니다. 그 이유는 그들에게 있어서 선생은 하나이며 그들은 다 서로 형제이기 때문입니다. 이 말씀을 통하여 하나님 한 분을 믿는 교회에서 선생으로서 하나님의 일을 가르치면서 자신을 드러내고 높이려하지 말고 겸손하게 주 안에서 형제 자매된 교회 구성원들을 섬기는 자세로 가르치라는 말씀입니다. 다른 하나는 지도자라 칭함을 받지 말라는 것입니다. 그 이유는 그들에게 지도자는 한 분 곧 그리스도이시기 때문입니다. 예수님 당시 바리새인들은 자신들이 선생이며 지도자라고 하여 사람들을 모아 이끌던 이들이 많았다고 합니다. 이로 인하여 혼란함을 사람들에게 가져다 주는 당시 상황에서 예수께서 참된 지도자는 오직 그리스도이시라고 말씀하신다. 한 가지 하지 말 것은 땅에 있는 자를 아버지라 하지 말라는 것입니다. 그 이유는 그들의 아버지는 한 분, 곧 하늘에 계신 하나님이시기 때문입니다. 당시 땅에 있는 아버지는 그 시대 이전의 율법선생 또는 위대한 스승, 원로 교사, 등을 가리키는 일반적인 표현이었다고 합니다. 당시 유대인들은 이 같은 이들을 절대 숭상하도록 가르침을 받았다고 합니다. 이런 당시 상황에서 예수께서는 무리들과 제자들에게 너희의 아버지는 한 분, 곧 하늘에 계신 하나님이시라고 말씀하신다. 그렇기 때문에 그 누구도 땅에 있는 자를 아버지라고 하지 말라 하신다. 또한 그들 중에 큰 자는 다른 사람을 섬기며 자신을 낮추는 사람은 높아질 것이라고 말씀하신다. 이는 다른 사람의 유익을 위하여 겸손히 그리고 성실히 자발적으로 봉사하고 섬기는 사람이 크고 높은 이라는 말씀입니다. 이 같이 말씀하신 예수께서 화 있을진저 외식하는 서기관들과 바리새인들이여 너희는 천국 문을 사람들 앞에서 닫고 너희도 들어가지 않고 들어가려 하는 자도 들어가지 못하게 한다고 질책하시며 한탄하십니다.

44

화 있을진저
외식하는 이들이여

마태복음 23 : 15-22

화 있을진저 외식하는 서기관들과 바리새인들이여 너희는 교인 한 사람을 얻기 위하여 바다와 육지를 두루 다니다가 생기면 너희보다 배나 더 지옥 자식이 되게 하는도다 화 있을진저 눈 먼 인도자여 너희가 말하되 누구든지 성전으로 맹세하면 아무 일 없거니와 성전의 금으로 맹세하면 지킬지라 하는도다 어리석은 맹인들이여 어느 것이 크냐 그 금이냐 그 금을 거룩하게 하는 성전이냐 너희가 또 이르되 누구든지 제단으로 맹세하면 아무 일 없거니와 그 위에 있는 예물로 맹세하면 지킬지라 하는도다 맹인들이여 어느 것이 크냐 그 예물이냐 그 예물을 거룩하게 하는 제단이냐 그러므로 제단으로 맹세하는 자는 제단과 그 위에 있는 모든 것으로 맹세함이요 또 성전으로 맹세하는 자는 성전과 그 안에 계신 이로 맹세함이요 또 하늘로 맹세하는 자는 하나님의 보좌와 그 위에 앉으신 이로 맹세함이니라

기도 요점

예수께서 서기관들과 바리새인들을 향하여 화 있을진저라고 말씀하시는데, 그 까닭은? 그들이 그들 자신에게 화를 초래하는 구체적인 행위는 무엇입니까?

도움의 말

예수께서는 외식하는 서기관들과 바리새인들을 향하여 첫 번째로 천국 문을 사람들 앞에서 닫고 그들도 들어가지 않고 들어가려 하는 자도 들어가지 못하게 하므로 그들에게 화가 있을 것이라고 말씀하신 바 있습니다. 두 번째로 그들에게 화가 미칠 수 밖에 없는 까닭은 그들이 교인 한 사람을 얻기 위하여 바다와 육지를 두루 다니다가 생기면 그들보다 배나 더 지옥 자식이 되게 하기 때문입니다. 당시 유대인들은 선교하는데 있어서 열심이었다고 합니다.

그러나 그들의 선교는 이방인들로 하여금 그들의 종교적 특성을 추종하도록 만드는데 그 관심과 목적이 있었습니다. 그래서 예수께서는 그들에게 화가 미칠 것이라고 말씀하신 것입니다. 예수께서 세 번째로 그들에게 선포하신 화는 그들은 누구든지 성전으로 맹세하면 아무 일 없거니와 성전의 금으로 맹세하면 지키라고 하는데 있습니다. 이러한 그들을 향하여 예수께서 어리석은 맹인들이라고 하시면서 어느 것이 크냐 그 금이냐 그 금을 거룩하게 하는 성전이냐고 반문하십니다. 또한 그들은 누구든지 제단으로 맹세하면 아무 일 없거니와 그 위에 있는 예물로 맹세하면 지킬지라 하기 때문에 어리석은 맹인들이라고 이르십니다. 그러시면서 예수님은 그들에게 맹인들이여 어느 것이 크냐 그 예물이냐 그 예물을 거룩하게 하는 제단이냐 라고 반문하십니다. 이 같은 질문으로 예수께서는 그들 스스로가 그들의 행위가 잘못 되어 있는 것을 볼 수 있도록 하시는데, 여기서 그들의 잘못된 행위는 바로 진리에는 눈이 멀고 오로지 하나님보다 성전 제물에 더 큰 관심을 두는데 있습니다. 그러므로 제단으로 맹세하는 자는 제단과 그 위에 있는 모든 것으로 맹세함이요 또 성전으로 맹세하는 자는 성전과 그 안에 계신 이로 맹세함이요 또 하늘로 맹세하는 자는 하나님의 보좌와 그 위에 앉으신 이로 맹세하는 것이라고 말씀하시는데, 이는 제단이나 제단 위의 제물과 같은 물질적인 것을 두고 맹세의 근거를 삼아서는 안 된다는 것을 강조하시는 말씀입니다. 또한 이는 맹세하는 자는 하나님과의 인격적인 관계 안에서 이루어지므로 제단이나 제단 위의 제물로 맹세 하지 않아야 됨을 강조하신 말씀입니다.

45
외식하는 지도자들에 대한 경고

마태복음 23 : 23-31

화 있을진저 외식하는 서기관들과 바리새인들이여 너희가 박하와 회향과 근채의 십일조는 드리되 율법의 더 중한 바 정의와 긍휼과 믿음은 버렸도다 그러나 이것도 행하고 저것도 버리지 말아야 할지니라 맹인 된 인도자여 하루살이는 걸러 내고 낙타는 삼키는도다 화 있을진저 외식하는 서기관들과 바리새인들이여 잔과 대접의 겉은 깨끗이 하되 그 안에는 탐욕과 방탕으로 가득하게 하는도다 눈 먼 바리새인이여 너는 먼저 안을 깨끗이 하라 그리하면 겉도 깨끗하리라 화 있을진저 외식하는 서기관들과 바리새인들이여 회칠한 무덤 같으니 겉으로는 아름답게 보이나 그 안에는 죽은 사람의 뼈와 모든 더러운 것이 가득하도다 이와 같이 너희도 겉으로는 사람에게 옳게 보이되 안으로는 외식과 불법이 가득하도다 화 있을진저 외식하는 서기관들과 바리새인들이여 너희는 선지자들의 무덤을 만들고 의인들의 비석을 꾸미며 이르되 만일 우리가 조상 때에 있었더라면 우리는 그들이 선지자의 피를 흘리는 데 참여하지 아니하였으리라 하니 그러면 너희가 선지자를 죽인 자의 자손임을 스스로 증명함이로다

기도 요점

예수께서 당시 서기관들과 바리새인들에게 너희가 박하와 회향과 근채의 십일조는 드리되 율법의 더 중한 바 정의와 긍휼과 믿음은 버렸다고 경고하시는데, 이 경고의 의미? 예수께서 그들에게 잔과 대접의 겉은 깨끗이 하되 그 안에는 탐욕과 방탕으로 가득하게 하는도다 눈 먼 바리새인이여 너는 먼저 안을 깨끗이 하라 그리하면 겉도 깨끗하리라고 경고하시는데, 이 경고의 의미? 예수께서 그들에게 회칠한 무덤 같이 겉으로는 사람에게 옳게 보이되 안으로는 외식과 불법이 가득하다고 경고하시는데, 이 경고의 의미? 예수께서 그들에게 선지자들의 무덤을 만들고 의인들의 비석을 꾸미며 이르되

만일 우리가 조상 때에 있었더라면 우리는 그들이 선지자의 피를 흘리는 데 참여하지 아니하였으리라 하니 그러면 너희가 선지자를 죽인 자의 자손임을 스스로 증명함이라고 경고하시는데, 이 경고의 의미는?

도움의 말

예수께서 외식하는 당시 서기관들과 바리새인들에게 네 번째 경고를 하십니다. 예수께서 그들에게 박하와 회향과 근채의 십일조는 드리지만 율법의 더 중한 바 정의와 긍휼과 믿음은 버렸다고 경고하십니다. 십일조의 근본정신은 자신의 소유가 전적으로 하나님의 주권 아래 있다는 것을 인정하고 구제 등을 통하여 이웃사랑을 하며 또한 성전운영을 하는데 있었는데, 당시 유대인들은 이를 강제적인 의무 규정으로 못 박아 이를 통하여 유대인 됨과 율법을 완수하는 방법으로 간주하였다고 합니다. 그리하여 그들은 율법의 더 중한 정의와 긍휼과 믿음은 버리고 그들이 규정한 십일조만 드리기 때문에 예수께서는 그들에게 이것도 행하고 저것도 버리지 말아야 한다고 이르십니다. 이러한 그들을 향하여 예수께서는 맹인 된 인도자라고 하시면서 하루살이는 걸러 내고 낙타는 삼킨다는 비유를 말씀하신다. 당시 팔레스틴에서 하루살이와 낙타는 부정한 곤충과 부정한 동물로 간주되었는데, 이 비유를 통하여 예수께서는 서기관과 바리새인들의 행위가 부정적이라는 것을 강조하신다. 다섯 번째 경고는 잔과 대접의 겉은 깨끗하게 하되 그 안에는 탐욕과 방탕으로 가득하게 한다고 경고하시면서 이르시기를 눈 먼 바리새인이여 너는 먼저 안을 깨끗이 하라 그리하면 겉도 깨끗할 것이라고 말씀하신다. 여기서 예수님은 그들의 악한 마음과 또한 그들의 악독한 마음에서 나오는 탐욕과 방탕한 행위를 지적하신다. 여섯 번째 그들은 회칠한 무덤과 같다는 경고입니다. 회칠한 무덤은 겉으로는 아름답게 보이나 그 안에는 죽은 사람의 뼈와 모든 더러운 것이 가득한 것 같이 그들은 겉으로는 사람에게 옳게 보이려 하지만 안으로는 외식과 불법이 가득하다는 것이 지적됩니다. 일곱 번째 그들이 선지자들의 무덤을 만들고 의인들의 비석을 꾸미며 이르기를 만일 우리가 조상 때에 있었더라면 우리는 그들이 선지자의 피를 흘리는 데 참여하지 아니하였을 것이라고 말하는데, 여기서 예수께서는 그들에게 너희가 선지자를 죽인 자의 자손임을 스스로 증명하는 것이라고 경고하신다. 당시 유대인들은 영웅이나 선지자들을 위하여 비석을 세우는 것이 전 국민적 관습이었다고 합니다. 그리하여 예루살렘 주변에 많은 기념비와 무덤의 흔적이 발견되었다고 합니다. 그들이 그들의 조상 때에 있었더라면 선지자의 피를 흘리는데 참여하지 아니할 것이라고 말하는 자체가 바로 그들 스스로가 그 조상의 자손이라는 것을 인정하는 것입니다. 그렇기 때문에 이 말은 그들 스스로가 선지자를 죽인 자의 자손임을 증명하는 것이라고 예수께서 지적하신다. 당시 그들이 예수님을 죽이려 음모하는 것 자체가 바로 그들이 선지자를 죽인 자의 자손이라는 것을 스스로 증거 하는 것이 됩니다.

46
예수 당시 지도자들에
대한 일곱 번째 경고

마태복음 23 : 32-36

너희가 너희 조상의 분량을 채우라 뱀들아 독사의 새끼들아 너희가 어떻게 지옥의 판결을 피하겠느냐 그러므로 내가 너희에게 선지자들과 지혜 있는 자들과 서기관들을 보내매 너희가 그 중에서 더러는 죽이거나 십자가에 못 박고 그 중에서 더러는 너희 회당에서 채찍질하고 이 동네에서 저 동네로 따라다니며 박해하리라 그러므로 의인 아벨의 피로부터 성전과 제단 사이에서 너희가 죽인 바라갸의 아들 사가랴의 피까지 땅 위에서 흘린 의로운 피가 다 너희에게 돌아가리라 내가 진실로 너희에게 이르노니 이것이 다 이 세대에 돌아가리라

기도 요점

예수께서 당시 서기관들과 바리새인들에게 하신 일곱 번째 경고는? 예수께서 그들에게 너희가 너희 조상의 분량을 채우라 뱀들아 독사의 새끼들아 너희가 어떻게 지옥의 판결을 피하겠느냐 라고 이르시는데, 이 말씀의 의미는? 예수께서 그들에게 내가 너희에게 선지자들과 지혜 있는 자들과 서기관들을 보내매 너희가 그 중에서 더러는 죽이거나 십자가에 못 박고 그 중에서 더러는 너희 회당에서 채찍질하고 이 동네에서 저 동네로 따라다니며 박해하리라 그러므로 의인 아벨의 피로부터 성전과 제단 사이에서 너희가 죽인 바라갸의 아들 사가랴의 피까지 땅 위에서 흘린 의로운 피가 다 너희에게 돌아가리라 내가 진실로 너희에게 이르노니 이것이 다 이 세대에 돌아가리라고 하시는데, 이 말씀이 의미하는 바는?

도움의 말

예수께서 서기관들과 바리새인들에게 너희가 너희 조상의 분량을 채우라고 하시며 일곱 번째 경고를 하신다. 이는 그들의 조상이 했던 것처럼 죄의 잔

을 채우는 일을 그 충만한 데까지 채우라는 명령입니다. 이 같은 명령과 더불어 예수께서는 그들을 향하여 뱀들아 독사의 새끼들아 너희가 어떻게 지옥의 판결을 피하겠느냐고 이르신다. 이는 그들의 악행이 독을 품은 뱀 같으니 어찌 그들이 심판을 피할 수 있겠느냐는 말씀입니다. 그러므로 예수께서 그들에게 선지자들과 지혜 있는 자들과 서기관들을 보내는데, 그들이 그 중에서 더러는 죽이거나 십자가에 못 박고 그 중에서 더러는 회당에서 채찍질하고 이 동네에서 저 동네로 따라다니며 박해할 것이라고 하신다. 여기서 선지자란 구약의 선지자처럼 영적 감화력을 가진 복음 선포자 혹은 순회복음 전도자이며, 지혜 있는 자란 성령 충만한 은혜로 지혜 있는 가르침으로 교회에 유익을 끼치는 자이며, 서기관들이란 그리스도 복음의 좋은 교사들을 의미합니다. 그런데 예수님 당시 서기관들과 바리새인들이 이러한 이들을 박해하고 심지어 죽이거나 십자가에 못 박게 하니 예수께서 이르시기를 이 어찌 그들에게 심판이 미치지 않겠느냐고 하신다. 예수께서는 자신을 공격하고 어려움을 주는 것으로 보아 당시 바리새인들도 그들의 조상들이 과거 선지자들에게 피를 흘리게 했던 것과 똑같이 예수께서 파송할 복음 선포 자들과 전도자들을 박해하고 죽일 것이라고 예언하신다. 그렇기 때문에 의인 아벨의 피로부터 성전과 제단 사이에서 그들이 죽인 바라갸의 아들 사가랴의 피까지 땅 위에서 흘린 의로운 피가 다 그들에게 돌아갈 것이라고 예수께서 단호히 말씀하신다. 여기서 예수님은 그 피 값이 그 시대에 사는 모든 유대인에게 돌아간다는 것을 지적하시는데, 이는 과거 조상들의 죄악을 당시 시대에서 회개하고 돌아서지 않고 오히려 그 조상의 악의 양을 충만히 채우려 한다면 이로 인하여 이 세대가 멸망의 벌을 받게 된다고 이르신 것입니다. 예수님의 이 말씀은 주후 70년 예루살렘의 멸망으로 이뤄집니다.

47
예루살렘을 두고 이르시는 말씀

마태복음 23 : 37-39

예루살렘아 예루살렘아 선지자들을 죽이고 네게 파송된 자들을 돌로 치는 자여 암탉이 그 새끼를 날개 아래에 모음 같이 내가 네 자녀를 모으려 한 일이 몇 번이더냐 그러나 너희가 원하지 아니하였도다 보라 너희 집이 황폐하여 버려진 바 되리라 내가 너희에게 이르노니 이제부터 너희는 찬송하리로다 주의 이름으로 오시는 이여 할 때까지 나를 보지 못하리라 하시니라

기도 요점

예수께서 예루살렘아 예루살렘아 선지자들을 죽이고 네게 파송된 자들을 돌로 치는 자여 암탉이 그 새끼를 날개 아래에 모음 같이 내가 네 자녀를 모으려 한 일이 몇 번이더냐 그러나 너희가 원하지 아니하였다고 탄식하시는데, 이 탄식의 의미는? 예수께서 예루살렘을 두고 이르신 말씀은 무엇입니까?

도움의 말

예수께서 예루살렘아 예루살렘아 선지자들을 죽이고 네게 파송된 자들을 돌로 치는 자여 라고 탄식하신다. 예수께서는 평화의 성읍이며 하나님의 성전이었던 예루살렘이 선지자들을 죽이고 파송된 자들을 돌로 치는 반역과 살인의 도시로 변한 사실을 탄식하신다. 예수께서 두 번이나 반복하여 부르신 예루살렘은 이스라엘 민족이나 또는 종교중심지로서의 의미가 있을 수 있습니다. 이런 의미에서 예수님의 탄식은 당시 종교지도자를 포함하여 모든 백성을 향하신 가슴 아프신 탄식입니다. 그래서 예수께서는 암탉이 그 새끼를 날개 아래에 모음 같이 내가 네 자녀를 모으려 한 일이 몇 번이더냐 그러나 너희가 원하지 아니하였다고 탄식하신다. 이 비유는 이사야 31장 5절에서 볼 수 있는 말씀으로서 예수께서 애정을 갖고 암탉이 외부의 침입으로부터 새끼를 보호하기 위하여 날개 아래 모으는 것처럼 유대인들의 신앙의 중심지 예루살

렘에 그들을 모아 보호하려고 하셨시만 그늘이 원하지 아니할 뿐만 아니라 배척하고 죽이려고 모의까지 한다고 탄식하신다. 그렇기 때문에 너희 집이 황폐하여 버려진바 될 것이라고 예수께서 말씀하신다. 이는 예루살렘의 멸망을 말씀하신 것으로서 국가의 멸망을 의미합니다. 그들이 끝까지 예수님을 배척함으로 인하여 버림받게 되는 예루살렘 성전이나 국가는 예수님의 입장에서 이는 나의 집이 아닌 너희 집입니다. 그리고 이어서 예수께서 재림하실 때 그토록 메시야 이신 예수님을 배척하였던 유대인들이 그들의 잘못을 회개하며 재림하시는 예수님에게 찬송하며 주의 이름으로 오시는 이여 할 때까지 예수님을 보지 못할 것이라고 말씀하신다.

48
성전이 무너뜨려질 것을
예언하시는 예수님

마태복음 24 : 1-2

예수께서 성전에서 나와서 가실 때에 제자들이 성전 건물들을 가리켜 보이려고 나아오니 대답하여 이르시되 너희가 이 모든 것을 보지 못하느냐 내가 진실로 너희에게 이르노니 돌 하나도 돌 위에 남지 않고 다 무너뜨려지리라

기도 요점

예수께서 성전에서 나와서 가실 때에 제자들이 성전 건물들을 가리켜 보이려고 나오는데, 그 까닭은? 제자들이 성전을 가리켜 보이려고 나아오자, 예수께서 이 모든 것을 보지 못하느냐 내가 진실로 너희에게 이르노니 돌 하나도 돌 위에 남지 않고 다 무너뜨려지리라고 하시는데, 이 말씀의 의미는?

도움의 말

예수께서 성전에서 나와서 가실 때에 제자들이 성전 건물들을 가리켜 보이려고 나아옵니다. 당시 성전건물은 에돔 사람 헤롯대왕에 의하여 주전 19년에 착공되었는데, 이는 제 2성전을 개축하기 위한 것이었다고 합니다. 그런데 당시 그 성전을 거의 신축을 하였기에 솔로몬에 의한 제 1성전과 스룹바벨에 의한 제 2 성전에 이어 제 3성전이라고 불렸다고 합니다. 당시의 성전건축이 완공되기까지 약 80년이 걸렸지만 착공한지 9년 만에 봉헌식을 하였고, 그 모양이 화려하였다고 합니다. 그런데 예수께서 마태복음 23장 38절에서 보라 너희 집이 황폐하여 버려진 바 되리라고 하셨으므로 제자들이 예수께서 성전에서 나오셔서 가실 때에 성전건물을 보이려고 나아왔던 것인데, 예수께서는 그들에게 너희가 이 모든 것을 보지 못하느냐고 이르십니다. 이 말씀은 예수께서도 당시 그 성전의 화려하고 장엄한 모습을 인정하시는 것입니다. 그렇지만 바로 연이어서 예수님은 그들에게 내가 진실로 너희에게 이르노니 돌

하나도 돌 위에 남지 않고 다 무니뜨러지리라고 경고하십니다. 여기서의 돌은 성전건물에 사용된 돌들인데, 이 돌들이 돌 위에 하나도 남지 않을 것이라는 말씀은 회복될 수 없을 만큼 성전이 파괴된다는 예언입니다. 예수님의 이같은 예언은 주후 70년 로마의 디도 장군에 의하여 역사적으로 실현됩니다.

49
이 모든 것은
재난의 시작이니라

마태복음 24 : 3-8

예수께서 감람 산 위에 앉으셨을 때에 제자들이 조용히 와서 이르되 우리에게 이르소서 어느 때에 이런 일이 있겠사오며 또 주의 임하심과 세상 끝에는 무슨 징조가 있사오리이까 예수께서 대답하여 이르시되 너희가 사람의 미혹을 받지 않도록 주의하라 많은 사람이 내 이름으로 와서 이르되 나는 그리스도라 하여 많은 사람을 미혹하리라 난리와 난리 소문을 듣겠으나 너희는 삼가 두려워하지 말라 이런 일이 있어야 하되 아직 끝은 아니니라 민족이 민족을, 나라가 나라를 대적하여 일어나겠고 곳곳에 기근과 지진이 있으리니 이 모든 것은 재난의 시작이니라

기도 요점

예수께서 감람 산 위에 앉으셨을 때에 제자들이 조용히 와서 예수님께 질문한 것은? 예수께서 이러한 징조는 시작이라고 하시는데, 시작 시 일어나는 이 모든 일이란 무엇입니까?

도움의 말

예수께서 감람 산 위에 앉으셨을 때에 제자들이 조용히 옵니다. 감람 산 서쪽에 성전과 예루살렘 시가 위치하여 있으므로 감람 산 위에 있는 그들은 이곳을 볼 수 있었을 것으로 봅니다. 제자들이 예수님께 와서 두 가지 질문을 합니다. 하나는 어느 때에 예루살렘 성에 돌 하나도 돌 위에 남지 않는 일이 있겠냐는 질문입니다. 다른 하나는 주의 임하심과 세상 끝에는 무슨 징조가 있느냐는 질문입니다. 이에 예수께서 그들에게 세 가지 대답을 하신다. 첫째는 많은 사람이 내 이름으로 와서 나는 그리스도라 하여 많은 사람을 미혹할 것이라 그러므로 너희가 사람의 미혹을 받지 않도록 주의하라고 이르신다. 둘째는 난리와 난리 소문을 듣겠으나 너희는 삼가 두려워하지 말라 대답하시면서

이런 일이 있어야 하되 아직 끝은 아니라고 이르신다. 셋째는 민족이 민족을, 나라가 나라를 대적하여 일어나겠고 곳곳에 기근과 지진이 있으리라고 하신다. 이 세 가지 대답을 이르신 후에 이 모든 것은 재난의 시작이라고 하신다.

50
세상 끝 날의 징조

마태복음 24 : 9-14

그 때에 사람들이 너희를 환난에 넘겨 주겠으며 너희를 죽이리니 너희가 내 이름 때문에 모든 민족에게 미움을 받으리라 그 때에 많은 사람이 실족하게 되어 서로 잡아 주고 서로 미워하겠으며 거짓 선지자가 많이 일어나 많은 사람을 미혹하겠으며 불법이 성하므로 많은 사람의 사랑이 식어지리라 그러나 끝까지 견디는 자는 구원을 얻으리라 이 천국 복음이 모든 민족에게 증언되기 위하여 온 세상에 전파되리니 그제야 끝이 오리라

기도 요점

예수께서 제자들에게 말씀해 주신 세상 끝 날의 징조는? 세상 끝 날의 징조들을 끝까지 견딘 사람의 보상은? 예수께서 그제야 세상 끝이 오리라고 하셨는데, 여기서 말씀하신 '그제'란?

도움의 말

예수께서 주의 임하심과 세상 끝 날에 일어날 증상에 관한 말씀 네 가지를 제자들에게 주신다. 첫째는 사람들이 너희를 환난에 넘겨주겠으며 너희를 죽이리니 너희가 내 이름 때문에 모든 민족에게 미움을 받으리라는 말씀입니다. 이는 예수님의 이름으로 인하여 제자들이 환난과 죽음과 미움을 받게 될 것이라는 말씀입니다. 둘째는 그 때에 많은 사람이 실족하게 되어 서로 잡아 주고 서로 미워하겠으며 거짓 선지자가 많이 일어나 많은 사람을 미혹하겠으며 불법이 성하므로 많은 사람의 사랑이 식어지리라는 말씀입니다. 여기서 예수님은 그때에 교회내부의 분열과 또한 박해와 불법과 미혹으로 인하여 믿음을 포기하는 사람들이 나타난다고 말씀하십니다. 셋째는 그러나 끝까지 견디는 자는 구원을 얻으리 라고 이르십니다. 예수께서 위에서 말씀하신 여러 가지 재난, 박해, 공동체의 분열을 끝까지 견뎌내는 사람의 보상은 구원이라고 말

쏨하신다. 여기서 말하는 구원에는 두 가지의 의미가 내포되어 있는데, 하나는 세상의 끝 날에 얻게 되는 천국 소유권으로서 끝까지 견딘 사람은 하늘나라에서 천국 백성의 자격으로 살 권리가 주어집니다. 이는 마지막 심판 때 얻는 구원을 뜻합니다. 다른 하나는 현세의 구원에 대한 의미도 있습니다. 구원이란 마지막 날 뿐만 아니라 매일 겪는 여러 가지 유혹을 믿음으로 이겨내면서 날마다 구원을 고대하며 종말적 자세의 삶을 사는 것을 의미합니다. 넷째는 이 천국 복음이 모든 민족에게 증언되기 위하여 온 세상에 전파되리니 그제야 끝이 오리라는 말씀입니다. 여기서 복음은 예수께서 전파하고 가르치신 그 말씀으로서 모든 나라와 모든 인격을 다스리시는 그리스도 예수님의 통치입니다. 이 천국 복음이 모든 민족에 증언되기 위하여 온 세상에 전파되어야 끝이 오신다는 말씀은 사람이 거주하는 온 땅, 즉 땅 끝까지 복음이 전파된 후에야 끝이 온다는 말씀입니다.

51
가장 큰 환난

마태복음 24 : 15-22

그러므로 너희가 선지자 다니엘이 말한 바 멸망의 가증한 것이 거룩한 곳에 선 것을 보거든 (읽는 자는 깨달을진저) 그 때에 유대에 있는 자들은 산으로 도망할지어다 지붕 위에 있는 자는 집 안에 있는 물건을 가지러 내려가지 말며 밭에 있는 자는 겉옷을 가지러 뒤로 돌이키지 말지어다 그 날에는 아이 밴 자들과 젖 먹이는 자들에게 화가 있으리로다 너희가 도망하는 일이 겨울에나 안식일에 되지 않도록 기도하라 이는 그 때에 큰 환난이 있겠음이라 창세로부터 지금까지 이런 환난이 없었고 후에도 없으리라 그 날들을 감하지 아니하면 모든 육체가 구원을 얻지 못할 것이나 그러나 택하신 자들을 위하여 그 날들을 감하시리라

기도 요점

가장 큰 환난이 임하는 징조는? 가장 큰 환난 시 취해야 할 행동에 관한 예수 님의 가르침 세 가지는 무엇입니까? 이 세 가지 가르침을 말씀하신 후, 예수 께서 주신 약속의 말씀은?

도움의 말

예수께서 제자들에게 너희가 선지자 다니엘이 말한 바 멸망의 가증한 것이 거룩한 곳에 선 것을 볼 그 때가 바로 큰 환난의 때라고 이르신다. 여기서 다 니엘이 말한 바는 11장 31절과 12장 11절의 말씀으로서 이는 여호와의 성소 를 더럽히며 여호와께 제사 드리는 것을 폐하고 가증한 것, 즉 우상을 세운다 는 것입니다. 이러한 때가 큰 환난의 때인데, 이때 해야 할 것 세 가지를 제자 들에게 이르십니다. 첫째는 그 때에 유대에 있는 자들은 산으로 도망하라고 하십니다. 다가오는 가장 큰 환난의 때에 유대에 있는 모든 이들에게 예수께 서 산으로 도망하라고 하시는데, 그 이유는 그들에게 있어서 산이 각별한 의

미가 있기 때문입니다. 그들에게 산은 하나님의 보호와 도움의 근원으로 간주되었다고 합니다(시 11 : 1). 그러므로 큰 환난의 때에 산으로 도망하라는 말씀은 하나님을 찾고 하나님을 전적으로 의뢰하라는 말씀입니다. 둘째는 지붕 위에 있는 자는 집 안에 있는 물건을 가지러 내려가지 말며 밭에 있는 자는 겉옷을 가지러 뒤로 돌이키지 말라고 이르십니다. 그들의 집 지붕은 평평하여 서늘한 저녁에는 휴식과 묵상과 대화의 장이었는데, 그 지붕에는 집 외부로 가는 통로와 집 내부로 가는 통로가 있었다고 합니다. 그렇기 때문에 가장 큰 환난의 때에 집 안에 있는 물건을 가지러 들어가지 말고 집 외부로 민첩하게 도피하라는 말씀입니다. 그리고 유대인들은 그들의 경작지를 거쳐가 있는 성에서 조금 떨어진 성 밖에 마련하였는데, 밭에서 일할 때에 그들은 일하기 좋은 가벼운 옷을 입으므로 두터운 외투가 집 안에 보관되어 있었다고 합니다. 그렇기 때문에 큰 환난의 때에 밭에 있는 자는 겉옷을 가지러 뒤로 돌이키지 말고 지체하지 말고 피신하라고 이르십니다. 셋째는 그 날에는 아이 밴 자들과 젖 먹이는 자들에게 화가 있을 것이므로 도망하는 일이 겨울에나 안식일에 되지 않도록 기도하라고 이르십니다. 이는 가장 큰 환난의 때 그 고통이 다른 이를 돌볼 수 있는 상황이 아닐 정도라는 것을 의미합니다. 게다가 유대인들에게 있어서 겨울과 안식일은 활동이 어렵다고 합니다. 왜냐하면 겨울은 우기이므로 땅이 질고 식량이 부족하기 때문이며, 또한 안식일에는 종교행사에 주력할 뿐만 아니라 율법적으로 1.8km이상 이동하는 것이 금지되어 있기 때문이라고 합니다. 실제로 유대인들은 주전 168년에 수리아의 침략을 받았던 날이 바로 안식일이어서 무방비 상태로 살육을 당한 바 있었다고 합니다. 여기까지 말씀하신 예수께서 제자들에게 이제까지 이르신 앞으로 임할 가장 큰 환난은 창세로부터 지금까지 없었던 환난이며 후에도 없을 것이라고 이르십니다. 그러나 하나님께서 가장 큰 환난의 날에 겪게 될 고난의 기간을 감하지 아니하시면 모든 육체가 구원을 얻지 못할 것이지만 택하신 자들을 위하여 그 날들을 감하시리 라고 이르십니다. 이 말씀은 택하신 사람들을 위한 하나님의 약속입니다.

52
번개가 동편에서 나서
서편까지 번쩍임 같이
인자의 임함도 그러하리라

마태복음 24 : 23-28

그 때에 사람이 너희에게 말하되 보라 그리스도가 여기 있다 혹은 저기 있다 하여도 믿지 말라 거짓 그리스도들과 거짓 선지자들이 일어나 큰 표적과 기사를 보여 할 수만 있으면 택하신 자들도 미혹하리라 보라 내가 너희에게 미리 말하였노라 그러면 사람들이 너희에게 말하되 보라 그리스도가 광야에 있다 하여도 나가지 말고 보라 골방에 있다 하여도 믿지 말라 번개가 동편에서 나서 서편까지 번쩍임 같이 인자의 임함도 그러하리라 주검이 있는 곳에는 독수리들이 모일 것이니라

기도 요점

예수께서 가장 큰 환난의 때에 택하신 자들도 미혹하리라고 하시는데, 그 까닭은? 예수께서 번개가 동편에서 나서 서편까지 번쩍임 같이 인자의 임함도 그러하리라고 하시는데, 이 말씀의 의미는?

도움의 말

예수께서 제자들에게 가장 큰 환난 때에 사람이 너희에게 말하기를 보라 그리스도가 여기 있다 혹은 저기 있다 하여도 믿지 말라고 이르신다. 마지막 때에는 거짓 그리스도의 출현으로 스스로 메시야라고 하는 증상이 여기저기에서 있을 것이라고 예수께서 말씀하십니다. 또한 예수께서 이때 거짓 그리스도들과 거짓 선지자들이 일어나 큰 표적과 기사를 보여 할 수만 있으면 택하신 자들도 미혹할 것이라고 이르시는데, 이들은 예수님의 권위와 이름과 능력을 도용하여 표적과 기사를 보이기 때문에 선택 받은 사람들까지도 속을 위험이 있다고 하십니다. 이 같이 말씀하신 후, 예수께서 제자들에게 내가 이

를 너희에게 미리 일러줬으니 사람들이 너희에게 말하기를 보라 그리스도가 광야에 있다 하여도 나가지 말고 보라 골방에 있다 하여도 믿지 말라 하십니다. 당시 유대인들에게 있어서 광야는 메시야 도래의 공개적인 장소로 이해되었다고 합니다. 그런데 예수께서는 자신의 재림과 관련하여 제자들에게 친히 이르시기를 번개가 동편에서 나서 서편까지 번쩍임 같이 인자의 임함도 그러하리 라고 하신다. 이 말씀으로부터 우리는 주님의 재림은 예기치 못하는 때에 갑작스럽게 오며, 번개가 동편에서 서편까지 번쩍임 같이 장소의 제한도 받지 않을 뿐만 아니라 누구에게나 선명하게 볼 수 있게 임하신다는 것을 알 수 있습니다. 이어서 예수님은 제자들에게 주검이 있는 곳에는 독수리들이 모일 것이라고 가르쳐 주신다.

53
인자가 오는 것을 보리라

마태복음 24 : 29-31

그 날 환난 후에 즉시 해가 어두워지며 달이 빛을 내지 아니하며 별들이 하늘에서 떨어지며 하늘의 권능들이 흔들리리라 그 때에 인자의 징조가 하늘에서 보이겠고 그 때에 땅의 모든 족속들이 통곡하며 그들이 인자가 구름을 타고 능력과 큰 영광으로 오는 것을 보리라 그가 큰 나팔소리와 함께 천사들을 보내리니 그들이 그의 택하신 자들을 하늘 이 끝에서 저 끝까지 사방에서 모으리라

기도 요점

표적과 기사들을 행하는 거짓 그리스도의 출현과 가장 큰 재난 이후에 일어나는 일은? 인자의 재림의 징조 바로 전에 일어나는 일은? 인자가 구름을 타고 능력과 큰 영광으로 오는 것을 볼 때, 지상의 모든 족속들에게 일어나는 일은? 구름을 타고 능력과 영광으로 오시는 인자가 큰 나팔소리와 함께 천사들을 보내시는데, 그 까닭은?

도움의 말

예수께서 제자들에게 표적과 기사들을 행하는 거짓 그리스도의 출현과 가장 큰 재난 이 후에 일어날 일 세 가지를 말씀하신다. 첫째는 그 날 환난 후에 즉시 해가 어두워지며 달이 빛을 내지 아니하며 별들이 하늘에서 떨어지며 하늘의 권능들이 흔들리리라고 이르신다. 이는 이사야 13장 10절과 34장 4절 말씀을 인용하여 설명하신 것으로서 이는 재림보다 먼저 해와 달과 별들과 같은 우주적인 무질서가 일어날 것을 말씀하신 것입니다. 둘째는 우주적인 이 같은 사건이 일어난 때에 인자의 징조가 하늘에서 보이겠는데, 그 때에 땅의 모든 족속들이 통곡하며 그들이 인자가 구름을 타고 능력과 큰 영광으로 오는 것을 볼 것이라는 말씀입니다. 셋째는 그 때에 그가 큰 나팔소리와 함께 천사

들을 보내리니 그들이 그의 택하신 자들을 하늘 이 끝에서 저 끝까지 사방에서 모으리라는 말씀입니다. 여기서 사방에서 택하신 자들을 모으신다는 것은 세계 모든 방향으로부터 택하신 사람들을 모으신다는 말씀입니다.

54
천지는 없어지겠으나
내 말은 없어지지 아니하리라

마태복음 24 : 32-36

무화과나무의 비유를 배우라 그 가지가 연하여지고 잎사귀를 내면 여름이 가까운 줄을 아나니 이와 같이 너희도 이 모든 일을 보거든 인자가 가까이 곧 문 앞에 이른 줄 알라 내가 진실로 너희에게 말하노니 이 세대가 지나가기 전에 이 일이 다 일어나리라 천지는 없어질지언정 내 말은 없어지지 아니하리라 그러나 그 날과 그 때는 아무도 모르나니 하늘의 천사들도, 아들도 모르고 오직 아버지만 아시느니라

기도 요점

이 세대가 지나가기 전에 이 일이 다 일어나리라 천지는 없어질지언정 내 말을 없어지지 아니하리 라고 하시는데, 여기서 예수께서 말씀하시는 이 일이란? 또한 천지는 없어질지언정 내 말을 없어지지 아니하리라는 말씀의 의미는? '그러나 그 날과 그 때는 아무도 모르나니 하늘의 천사들도, 아들도 모르고 오직 아버지만 아시느니라.'는 예수님의 말씀을 묵상하십시오.

도움의 말

당시 팔레스틴에서 무화과나무 가지가 연하여지고 잎사귀 나면 여름이 가까이 온 것을 알 수 있었다고 합니다. 이와 같이 무화과 잎사귀가 계절의 변화를 알려 주는 것처럼 우주적 징조가 나타나면 주님의 재림이 가까이 곧 문 앞에 이른 줄을 알라는 비유를 예수께서 제자들에게 말씀하신다. 그리고 이어서 예수께서 그들에게 이 세대가 지나가기 전에 이 일이 모두 다 일어나리라고 하신다. 여기서 '이 일'이란 예수께서 그들에게 이미 말씀하여 주신 마지막 때의 가장 큰 환난과 인자의 재림 때의 일을 말합니다. 이 말씀에 이어 예수께서는 천지는 없어질지언정 내 말을 없어지지 아니한다고 하시는데, 이는 이 모든 일이 반드시 일어날 것을 확증하고 강조하시는 말씀입니

다. 그렇지만 그 날과 그 때는 아무도 모른다고 하시며 예수님은 그 때는 하늘의 천사들도, 아들도 모르고 오직 아버지만 알고 계시다고 말씀하신다.

55
그러므로 깨어 있으라

마태복음 24 : 37-42

노아의 때와 같이 인자의 임함도 그러하리라 홍수 전에 노아가 방주에 들어 가던 날까지 사람들이 먹고 마시고 장가 들고 시집 가고 있으면서 홍수가 나서 그들을 다 멸하기까지 깨닫지 못하였으니 인자의 임함도 이와 같으리라 그 때에 두 사람이 밭에 있으매 한 사람은 데려가고 한 사람은 버려둠을 당할 것이요 두 여자가 맷돌질을 하고 있으매 한 사람은 데려가고 한 사람은 버려 둠을 당할 것이니라 그러므로 깨어 있으라 어느 날에 너희 주가 임할는지 너희가 알지 못함이니라

기도 요점

예수께서 제자들에게 노아의 때와 같이 인자의 임함도 그러하리 라고 하시는데, 이 말씀의 의미는? 인자가 임할 그 때에 두 사람이 밭에 있으매 한 사람은 데려가고 한 사람은 버려둠을 당할 것이요 두 여자가 맷돌질을 하고 있으매 한 사람은 데려가고 한 사람은 버려둠을 당할 것이니라 그러므로 깨어 있으라 어느 날에 너희 주가 임할는지 너희가 알지 못하기 때문이라고 예수께서 말씀하시는데, 이 말씀이 의미하는 바는?

도움의 말

예수께서 제자들에게 노아의 때와 같이 인자의 임함도 그러하리 라고 말씀하신다. 노아의 때에 홍수가 나기 전 노아가 방주에 들어가던 날까지 사람들이 먹고 마시고 시집가고 장가 드는 일상의 삶을 살면서 홍수가 임할 것이라는 의식 없이 살고 있었습니다. 그들은 홍수가 나서 다 멸하기까지 홍수의 심판이 임할 것을 깨닫지 못하였습니다.

예수께서는 제자들에게 노아의 때처럼 인자의 임함도 이와 같으리 라고 하십니다. 예수께서 이미 제자들에게 인자가 임할 때의 징조들을 자세히 말씀

하여 주셨을지라도 사람들은 이때에도 노아의 홍수의 때처럼 사람들이 일상의 삶에 묻혀 심판이 임하는 것을 깨닫지 못하고 있을 것이라고 말씀하십니다. 그리하여 예수께서는 제자들에게 인자가 임할 그 때에 두 사람이 밭에 있으매 한 사람은 데려가고 한 사람은 버려둠을 당할 것이며, 두 여자가 맷돌질을 하고 있으매 한 사람은 데려가고 한 사람은 버려둠을 당할 것이라고 이르십니다. 그러므로 제자들에게 깨어 있으라고 이르시면서 예수님은 어느 날에 너희 주가 임하는지 너희가 알지 못한다고 말씀하십니다. 여기서 깨어 있으라는 것은 인자가 오실 때에 '주 예수여 오시옵소서.' 라며 기쁘게 맞이할 수 있도록 깨어 있으라는 말씀입니다.

56
깨어 준비하고 있으라

마태복음 24 : 43-51

너희도 아는 바니 만일 집 주인이 도둑이 어느 시각에 올 줄을 알았더라면 깨어 있어 그 집을 뚫지 못하게 하였으리라 이러므로 너희도 준비하고 있으라 생각하지 않은 때에 인자가 오리라 충성되고 지혜 있는 종이 되어 주인에게 그 집 사람들을 맡아 때를 따라 양식을 나눠 줄 자가 누구냐 주인이 올 때에 그 종이 이렇게 하는 것을 보면 그 종이 복이 있으리로다 내가 진실로 너희에게 이르노니 주인이 그의 모든 소유를 그에게 맡기리라 만일 그 악한 종이 마음에 생각하기를 주인이 더디 오리라 하여 동료들을 때리며 술친구들과 더불어 먹고 마시게 되면 생각하지 않은 날 알지 못하는 시각에 그 종의 주인이 이르러 엄히 때리고 외식하는 자가 받는 벌에 처하리니 거기서 슬피 울며 이를 갈리라

기도 요점

예수께서 제자들에게 생각하지 않은 때에 인자가 오리라는 말씀을 비유를 들어 말씀하시는데, 여기서 예수께서 사용하신 비유는? 예수께서 제자들에게 '충성되고 지혜 있는 종이 되어 주인에게 그 집 사람들을 맡아 때를 따라 양식을 나눠 줄 자가 누구냐 주인이 올 때에 그 종이 이렇게 하는 것을 보면 그 종이 복이 있으리로다.'라고 이르시는데, 여기서 그 종이 받은 복은? 그리고 이 비유를 통하여 예수께서 제자들에게 말씀하시고자 하는 것은?

도움의 말

예수께서 제자들에게 너희도 아는 바와 같이 만일 집 주인이 도둑이 어느 시각에 올 줄을 알았더라면 깨어 있어 그 집을 뚫지 못하게 하였으리라는 비유를 말씀하신다. 이 비유를 통하여 예수님은 제자들에게 생각하지 않을 때에 인자가 올 것이므로 준비하고 있으라고 이르십니다. 이어서 예수께서는 그

들에게 집을 나간 집 주인의 비유를 말씀하신다. 이 비유를 통해서 예수님은 제자들에게 집 나간 주인의 충성되고 지혜 있는 종은 주인이 나간 사이에 그 집 주인의 사람들을 맡아 때를 따라 양식을 나눠 준다고 이르신다. 이 비유에서 충성되고 지혜 있는 종이란 주인이 맡겨준 일을 깨어 충실히 잘 감당하는 것을 의미합니다. 이 비유를 통하여 예수님은 집 나간 주인의 종이 지혜롭고 충성되게 맡겨진 일을 감당하는 것처럼 인자가 임할 때에 영적인 위험들 가운데서 제자들도 그들에게 맡겨준 일을 깨어 지혜롭고 충성되게 잘 감당해야 될 것을 권고하십니다. 집을 나간 주인이 올 때에 이 같이 깨어 지혜롭게 맡겨준 일을 충성되게 감당한 종의 복은 주인으로부터 그의 모든 소유가 맡겨지는 것입니다. 그러나 만일 그 악한 종이 마음에 생각하기를 주인이 더디 오리라 하여 동료들을 때리며 술친구들과 더불어 먹고 마시게 되면, 생각하지 않은 날 알지 못하는 시각에 그 종의 주인이 이르러 그 종을 엄히 때리고 외식하는 자가 받는 벌에 처할 것이므로 거기서 슬피 울며 이를 갈 것이라고 예수께서 이르신다.

57

깨어 있으라
그 날과 그 때를 알지 못하느니라

마태복음 25 : 1-13

그 때에 천국은 마치 등을 들고 신랑을 맞으러 나간 열 처녀와 같다 하리니 그
중의 다섯은 미련하고 다섯은 슬기 있는 자라 미련한 자들은 등을 가지되 기
름을 가지지 아니하고 슬기 있는 자들은 그릇에 기름을 담아 등과 함께 가져
갔더니 신랑이 더디 오므로 다 졸며 잘새 밤중에 소리가 나되 보라 신랑이로
다 맞으러 나오라 하매 이에 그 처녀들이 다 일어나 등을 준비할새 미련한 자
들이 슬기 있는 자들에게 이르되 우리 등불이 꺼져가니 너희 기름을 좀 나눠
달라 하거늘 슬기 있는 자들이 대답하여 이르되 우리와 너희가 쓰기에 다 부
족할까 하노니 차라리 파는 자들에게 가서 너희 쓸 것을 사라 하니 그들이 사
러 간 사이에 신랑이 오므로 준비하였던 자들은 함께 혼인 잔치에 들어가고
문은 닫힌지라 그 후에 남은 처녀들이 와서 이르되 주여 주여 우리에게 열어
주소서 대답하여 이르되 진실로 너희에게 이르노니 내가 너희를 알지 못하노
라 하였느니라 그런즉 깨어 있으라 너희는 그 날과 그 때를 알지 못하느니라

기도 요점

예수께서 제자들에게 열 처녀 비유를 통하여 말씀하시는 것은? 예수께서 열
처녀 중 다섯은 슬기 있는 자라 그리고 다섯은 미련한 자라고 말씀하시는데,
그들을 이처럼 구별하시는 기준은? 미련한 자들이 후에 혼인 잔치에 들어가
신랑을 맞이하려 주여 주여 우리에게 문을 열어주소서 라고 간청하였는데,
이들의 간청에 대한 신랑이신 주님의 대답은?

도움의 말

예수께서는 인자가 오시는 때에 천국은 마치 등을 들고 신랑을 맞으러 나간
열 처녀와 같다고 비유하신다. 당시 유대인들은 신부를 맞으러 오는 신랑의

길을 밝게 하려고 이 등을 각자 준비하여 기다란 막내 끝에 매달았다고 합니다. 등불을 들지 않은 사람을 당시 불청객이나 강도로 간주하였다고 합니다. 이러한 당시 배경에서 예수님은 천국을 열 처녀의 비유로 말씀하시는데, 여기서 열 처녀들은 잔치에 초대된 신부의 들러리들 이라고 합니다. 이들은 저녁부터 등을 가지고 나가 신부를 데리러오는 신랑을 기다리고 있다가 그들을 혼인 잔치로 인도하는 역할을 하였다고 합니다. 예수께서는 열 처녀들 중 다섯은 미련하고 다섯은 슬기롭다고 하시는데, 그 이유는 미련한 자들은 등을 가졌지만 기름을 가지지 아니하였기 때문이며 슬기 있는 자들은 그릇에 기름을 담아 등과 함께 가져갔기 때문입니다. 그런데 신랑이 더디 오므로 다 졸고 자는데, 밤중에 보라 신랑이 온다 맞으러 나오라는 소리를 듣습니다. 이에 그 처녀들 모두가 다 일어나 등을 준비하는 사이에 미련한 자들이 슬기 있는 자들에게 이르기를 우리 등불이 꺼져가니 너희 기름을 좀 나눠 달라고 합니다. 그러자 슬기 있는 처녀들이 이르기를 우리와 너희가 쓰기에 다 부족할까 하니 차라리 파는 자들에게 가서 너희 쓸 것을 사라고 합니다. 그리하여 그들이 기름을 사러 간 사이에 신랑이 옵니다. 그러므로 준비하였던 자들은 신랑과 함께 혼인 잔치에 들어가고 문이 닫힙니다. 당시 팔레스틴에서는 잔치가 시작되면 잔치의 손님들의 안전을 위하여 문을 닫았다고 합니다. 문이 닫힌 후에 남은 처녀들이 기름을 사가지고 와서 이르기를 주여 주여 우리에게 문을 열어 주소서 하니 대답하여 이르시기를 진실로 너희에게 이르노니 내가 너희를 알지 못하노라고 하십니다. 이 비유를 통하여 예수님은 제자들에게 심판의 주이신 예수님의 재림이 늦어지더라도 오실 주님을 깨어 맞을 준비를 하여야 됨을 이르십니다. 그리고 이어서 예수께서 제자들에게 그런즉 깨어 있으라 너희는 그 날과 그 때를 알지 못한다고 이르신다.

58
달란트 비유

마태복음 25 : 14-30

또 어떤 사람이 타국에 갈 때 그 종들을 불러 자기 소유를 맡김과 같으니 각각 그 재능대로 한 사람에게는 금 다섯 달란트를, 한 사람에게는 두 달란트를, 한 사람에게는 한 달란트를 주고 떠났더니 다섯 달란트 받은 자는 바로 가서 그것으로 장사하여 또 다섯 달란트를 남기고 두 달란트 받은 자도 그같이 하여 또 두 달란트를 남겼으되 한 달란트 받은 자는 가서 땅을 파고 그 주인의 돈을 감추어 두었더니 오랜 후에 그 종들의 주인이 돌아와 그들과 결산할새 다섯 달란트 받았던 자는 다섯 달란트를 더 가지고 와서 이르되 주인이여 내게 다섯 달란트를 주셨는데 보소서 내가 또 다섯 달란트를 남겼나이다 그 주인이 이르되 잘하였도다 착하고 충성된 종아 네가 적은 일에 충성하였으매 내가 많은 것을 네게 맡기리니 네 주인의 즐거움에 참여할지어다 하고 두 달란트 받았던 자도 와서 이르되 주인이여 내게 두 달란트를 주셨는데 보소서 내가 또 두 달란트를 남겼나이다 그 주인이 이르되 잘하였도다 착하고 충성된 종아 네가 적은 일에 충성하였으매 내가 많은 것을 네게 맡기리니 네 주인의 즐거움에 참여할지어다 하고 한 달란트 받았던 자는 와서 이르되 주인이여 당신은 굳은 사람이라 심지 않은 데서 거두고 헤치지 않은 데서 모으는 줄을 내가 알았으므로 두려워하여 나가서 당신의 달란트를 땅에 감추어 두었었나이다 보소서 당신의 것을 가지셨나이다 그 주인이 대답하여 이르되 악하고 게으른 종아 나는 심지 않은 데서 거두고 헤치지 않은 데서 모으는 줄로 네가 알았느냐 그러면 네가 마땅히 내 돈을 취리하는 자들에게나 맡겼다가 내가 돌아와서 내 원금과 이자를 받게 하였을 것이니라 하고 그에게서 그 한 달란트를 빼앗아 열 달란트 가진 자에게 주라 무릇 있는 자는 받아 풍족하게 되고 없는 자는 그 있는 것까지 빼앗기리라 이 무익한 종을 바깥 어두운 데로 내쫓으라 거기서 슬피 울며 이를 갈리라 하니라

기도 요점

달란트 비유를 통하여 예수께서 제자들에게 주시는 메시지는? 어떤 사람이 타국에 갈 때 그 종들을 불러 자기 소유를 맡김과 같으니 각각 그 재능대로 한 사람에게는 금 다섯 달란트를, 한 사람에게는 두 달란트를, 한 사람에게는 한 달란트를 주고 떠났더니 다섯 달란트 받은 자는 바로 가서 그것으로 장사하여 또 다섯 달란트를 남기고 두 달란트 받은 자도 그같이 하여 또 두 달란트를 남겼으되 한 달란트 받은 자는 가서 땅을 파고 그 주인의 돈을 감추어 두었더니 오랜 후에 그 종들의 주인이 돌아와 그들과 결산할 때, 그 종들의 보고 내용과 이를 들은 주인의 반응을 묵상해 보십시오.

도움의 말

예수께서 제자들에게 달란트 비유를 말씀하신다. 이 비유는 어떤 사람이 타국에 갈 때 그 종들을 불러 자기 소유를 맡김과 같은데, 그는 그들에게 각 각 그 재능대로 한 사람에게는 금 다섯 달란트를, 한 사람에게는 두 달란트를, 한 사람에게는 한 달란트를 주고 떠났습니다. 타국에 간 어떤 사람은 이 땅에 오신 예수님을 상징하며, 종들은 부활하신 주께서 승천하신 이래 주님의 교회를 맡은 복음 사역자들 및 예수님을 주인으로 모신 모든 그리스도인들을 상징합니다. 이 비유를 통하여 제자들에게 할 일을 맡기시고 승천하신 예수께서 다시 이 땅에 심판 주로 오실 것이 표현됩니다. 달란트 비유에서 주인이 종들에게 각자의 그 재능대로 자신의 소유를 맡긴 것처럼 예수님의 종들도 하나님께서 그들에게 주신 재능 즉 달란트가 있습니다. 주인은 그의 권위와 지혜로 종들에게 분배를 한 후, 자기 길을 떠난 후 주인으로부터 다섯 달란트 받은 자는 바로 가서 그것으로 장사하여 또 다섯 달란트를 남겼고, 두 달란트 받은 자도 그같이 하여 또 두 달란트를 남겼습니다. 이 같이 다섯 달란트 받은 종과 두 달란트 받은 종은 주인이 떠난 후 즉시 주인을 기쁘게 하려고 그들에게 맡겨진 일을 책임 있게 수행하여 배를 남겼습니다. 그러나 한 달란트 받은 종은 당시 돈을 보관하는 식대로 주인으로부터 받은 한 달란트를 가지고 가서 땅을 파고 그 주인의 돈을 감추어 두었습니다. 오랜 후에 그 종들의 주인이 돌아와 그들과 결산하는 것처럼 오랜 후 종말적 심판의 때에 다섯 달란트 받았던 자는 다섯 달란트를 더 가지고 와서 이르되 주인이여 내게 다섯 달란트를 주셨는데 보소서 내가 또 다섯 달란트를 남겼다고 보고하니 이에 그 주인이 이르기를 잘하였도다 착하고 충성된 종아 네가 적은 일에 충성하였으므로 내가 많은 것을 네게 맡기리니 네 주인의 즐거움에 참여할지어다 라고 합니다. 또한 두 달란트 받았던 자도 와서 이르기를 주인이여 내게 두 달란트를 주셨는데 보소서 내가 또 두 달란트를 남겼다고 보고 하니 그 주인이 이르기를 잘 하였도다 착하고 충성된 종아 네가 적은 일에 충성하였으므로 내가 많은 것을 네게 맡기리니 네 주인의 즐거움에 참여할지어다 라고 합니다. 여기서 우리는 자신에게 주신 달란트가 몇 달란트인지와 상관없이 주인이 준 달란트를 주인을 위하여 충성스럽게 맡겨 준대로 잘 감당한 종에게 주시는 보상은 똑 같다는 것을 알 수 있습니다. 오랜 후에 심판 주로 오신 예수님으로부터 다섯 달란트 받은 종과 두 달란트 받은 종은 착하고 충성된 종이라는 칭찬을 받으며, 또한 작은 일에 충성하였기 때문에 더 많은 것을 맡겨주시며, 더 나아가 주의 영광에 참여하여 영원한 기쁨을 맛보는 보상을 받습니다. 그러나 한 달란트 받았던 자가 와서 이르기를 주인이여 당신은 굳은 사람이라 심지 않은 데서 거두고 헤치지 않은 데서 모으는 줄을 내가 알았으므로 두려워하여 나가서 당신의 달란트를 땅에 감추어 두었다가 당신의 것을 그대로 가지고 왔다고 보고 하는 종에게는 그 주인이 이르기를 악하고 게으른 종아 나는 심지 않은 데서 거두고 헤치지 않은 데서 모으는 줄로 네가 알았느냐 그러면 네가 마땅히 내 돈을 취리하는 자들에게나 맡겼다가 내가 돌아와서 내 원금과 이자를 받게 하였을 것이 아니냐 라고 하며 그에게서 그 한 달란트를 빼앗아 열 달란트 가진 자에게 주라고 하십니다. 여기서 한 달란트 받은 사람은 주인으로부터 받은 달란트를 자신과 상관없는 것으로 간주하여 아무 일도 하지 않고 맡겨 준 달란트 그대로를 땅에 묻어두었습니다. 뿐만 아니라 그가 한 달란트를 묻어둔 이유가 자기 주인을 굳은 사람으로 오해하여 두려워하였기 때문. 이를 알게 된주인은 그 종을 향하여 악하고 게으르다 책망합니다. 더 나아가 그 주인은 그로부터 받았던 한 달란트마저 빼앗아 열 달란트 가진 자에게 줍니다. 이에 무릇 있는 자는 받아 풍족하게 되고 없는 자는 그 있는 것까지 빼앗기게 됩니다. 이 뿐만이 아닙니다. 한 달란트마저 빼앗긴 그 종은 무익한 종으로서 바깥 어두운 데로 내쫓김을 당하여 거기서 슬피 울며 이를 갈게 됩니다. 여기서 바깥 어두운 데란 주인과의 관계가 영원히 단절된 곳으로서 어둠의 세력인 사단이 거할 최종적 심판 장소인데, 그 무익한 종은 여기서 슬피 울며 이를 갈고 있을 것이라고 예수께서 이르십니다.

59
양과 염소의 비유

마태복음 25 : 31-46

인자가 자기 영광으로 모든 천사와 함께 올 때에 자기 영광의 보좌에 앉으리니 모든 민족을 그 앞에 모으고 각각 구분하기를 목자가 양과 염소를 구분하는 것 같이 하여 양은 그 오른편에 염소는 왼편에 두리라 그 때에 임금이 그 오른편에 있는 자들에게 이르시되 내 아버지께 복 받을 자들이여 나아와 창세로부터 너희를 위하여 예비된 나라를 상속받으라 내가 주릴 때에 너희가 먹을 것을 주었고 목마를 때에 마시게 하였고 나그네 되었을 때에 영접하였고 헐벗었을 때에 옷을 입혔고 병들었을 때에 돌보았고 옥에 갇혔을 때에 와서 보았느니라 이에 의인들이 대답하여 이르되 주여 우리가 어느 때에 주께서 주리신 것을 보고 음식을 대접하였으며 목마르신 것을 보고 마시게 하였나이까 어느 때에 나그네 되신 것을 보고 영접하였으며 헐벗으신 것을 보고 옷 입혔나이까 어느 때에 병드신 것이나 옥에 갇히신 것을 보고 가서 뵈었나이까 하리니 임금이 대답하여 이르시되 내가 진실로 너희에게 이르노니 너희가 여기 내 형제 중에 지극히 작은 자 하나에게 한 것이 곧 내게 한 것이니라 하시고 또 왼편에 있는 자들에게 이르시되 저주를 받은 자들아 나를 떠나 마귀와 그 사자들을 위하여 예비된 영원한 불에 들어가라 내가 주릴 때에 너희가 먹을 것을 주지 아니하였고 목마를 때에 마시게 하지 아니하였고 나그네 되었을 때에 영접하지 아니하였고 헐벗었을 때에 옷 입히지 아니하였고 병들었을 때와 옥에 갇혔을 때에 돌보지 아니하였느니라 하시니 그들도 대답하여 이르되 주여 우리가 어느 때에 주께서 주리신 것이나 목마르신 것이나 나그네 되신 것이나 헐벗으신 것이나 병드신 것이나 옥에 갇히신 것을 보고 공양하지 아니하더이까 이에 임금이 대답하여 이르시되 내가 진실로 너희에게 이르노니 이 지극히 작은 자 하나에게 하지 아니한 것이 곧 내게 하지 아니한 것이니라 하시리니 그들은 영벌에, 의인들은 영생에 들어가리라 하시니라

기도 요점

양과 염소의 비유가 우리에게 주는 메시지는? 마지막 심판 때 양에게는 임금이 내 아버지께 복 받을 의인들이라고 하시며 나아와 창세로부터 너희를 위하여 예비 된 나라를 상속받으라 심판하셨고, 염소에게는 저주를 받은 자들아 나를 떠나 마귀와 그 사자들을 위하여 예비된 영원한 불에 들어가라고 심판하셨는데, 그 까닭은?

도움의 말

예수께서 제자들에게 인자가 자기 영광으로 모든 천사와 함께 올 때, 즉 종말의 때에 심판주로 임하시어 자기 영광의 보좌에 앉으사 하나님의 모든 권세를 행사하실 것입니다. 그 때 인자는 유대민족을 포함하여 이방 모든 민족을 그 앞에 모으고 각각 구분하기를 목자가 양과 염소를 구분하는 것 같이 양은 그 오른편에 염소는 왼편에 두시고 그들을 심판하신다. 그 때에 심판의 주이시며 만왕의 왕이신 그리스도 예수께서 그 오른편에 있는 자들에게 이르시기를 내 아버지께 복 받을 자들이여 나아와 창세로부터 너희를 위하여 예비된 나라를 상속받으라고 하시며 그 이유 여섯 가지를 말씀하여 주신다. 첫째는 내가 주릴 때에 너희가 먹을 것을 주었고, 둘째는 목마를 때에 마시게 하였고, 셋째는 나그네 되었을 때에 영접하였고, 넷째는 헐벗었을 때에 옷을 입혔고, 다섯째는 병 들었을 때에 돌보았고, 마지막 여섯째는 옥에 갇혔을 때에 와서 보았다고 이르십니다. 이 말씀을 듣고 오른 편에 있는 복 있는 의인들이 주여 우리가 어느 때에 주께서 주리신 것을 보고 음식을 대접하였으며 목마르신 것을 보고 마시게 하였나이까 어느 때에 나그네 되신 것을 보고 영접하였으며 헐벗으신 것을 보고 옷 입혔나이까 어느 때에 병 드신 것이나 옥에 갇히신 것을 보고 가서 뵈었나이까 라고 아룁니다. 이에 임금은 그들에게 너희가 여기 내 형제 중에 지극히 작은 자 하나에게 한 것이 곧 내게 한 것이니라 하신다. 또 왼편에 있는 자들에게 이르시기를 저주를 받은 자들아 나를 떠나 마귀와 그 사자들을 위하여 예비된 영원한 불에 들어가라고 이르신다. 여기서 영원한 불은 하나님을 떠나 제 멋대로 교만하고 타락된 삶을 사는 이들에게 준비된 곳으로서 이는 마귀와 그 사자들을 위하여 예비된 곳입니다. 그리고 그 임금은 그들이 이 같이 영원한 불에 들어가야 되는 까닭 다섯 가지를 말씀해 주신다. 첫째는 내가 주릴 때에 너희가 먹을 것을 주지 아니하였고, 둘째는 목마를 때에 마시게 하지 아니하였고, 셋째는 나그네 되었을 때에 영접하지 아니하였고, 넷째는 헐벗었을 때에 옷 입히지 아니하였고, 다섯째는 병 들었을 때와 옥에 갇혔을 때에 돌보지 아니하였다고 이르신다. 이 말씀을 들은 그들도 대답하여 이르기를 주여 우리가 어느 때에 주께서 주리신 것이나 목마르신 것이나 나그네 되신 것이나 헐벗으신 것이나 병 드신 것이나 옥에 갇히신 것을 보고 공양하지 아니하였냐고 하니 이에 임금이 대답하여 이르시기를 내가 진실로 너희에게 이르노니 이 지극히 작은 자 하나에게 하지 아니한 것이 곧 내게 하지 아니한 것이라고 이르신다. 이 같이 살아서 삶을 어떻게 살았느냐가 마지막 심판 때에 밝히 드러나 그로 인하여 그들은 영벌에 들어가지만 의인들은 영생에 들어가게 됩니다.

60
인자가 십자가에
못 박히기 위하여 팔리리라

마태복음 26 : 1-5

예수께서 이 말씀을 다 마치시고 제자들에게 이르시되 너희가 아는 바와 같이 이틀이 지나면 유월절이라 인자가 십자가에 못 박히기 위하여 팔리리라 하시더라 그 때에 대제사장들과 백성의 장로들이 가야바라 하는 대제사장의 관정에 모여 예수를 흉계로 잡아 죽이려고 의논하되 말하기를 민란이 날까 하노니 명절에는 하지 말자 하더라

기도 요점

예수께서 감람 산에서의 모든 가르침을 다 마치시고 제자들에게 이르신 말씀은? 이 말씀을 예수께서 제자들에게 이르실 그 때에 대제사장들과 백성의 장로들이 가야바라 하는 대제사장의 관정에 모여서 한 것은?

도움의 말

예수께서 감람 산에서 가르침을 다 마치시고 제자들에게 너희가 아는 바와 같이 이틀이 지나면 이스라엘의 출애굽 사건과 관련된 가장 중요한 유월절이라고 이르신다. 이때에 예수께서 인자가 십자가에 못 박히기 위하여 팔릴 것이라고 그들에게 말씀하시는데, 이는 이제 예수님의 수난의 때가 이르실 것을 말씀하신 것입니다. 그 때에 이스라엘 종교의 최고 재판소 역할을 수행하는 산헤드린 공회원들이었던 대제사장들과 백성의 장로들이 가야바라 하는 대제사장의 관정에 모여 예수를 흉계로 잡아 죽이려고 의논하고 있었습니다. 그들은 바르지 않은 방법으로 예수님을 음해하려고 논의하면서 민란이 날까 하니 유월절 명절에는 하지 말자고 합니다. 유월절 기간에 예수께서 선교하셨던 갈릴리 지역의 주민들이 예루살렘으로 많이 올 것이므로 이때에 예수님을 처형할 경우 그들은 민란이 날 것을 두려워하고 있었던 것입니다. 왜냐

하면 당시 메시야를 대망하는 사상의 고조로 백성들의 봉기와 소란이 빈번하였기 때문입니다.

_____

_____

_____

_____

_____

61
예수님 머리에
향유를 부은 여자

마태복음 26 : 6-13

예수께서 베다니 나병환자 시몬의 집에 계실 때에 한 여자가 매우 귀한 향유 한 옥합을 가지고 나아와서 식사하시는 예수의 머리에 부으니 제자들이 보고 분개하여 이르되 무슨 의도로 이것을 허비하느냐 이것을 비싼 값에 팔아 가난한 자들에게 줄 수 있었겠도다 하거늘 예수께서 아시고 그들에게 이르시되 너희가 어찌하여 이 여자를 괴롭게 하느냐 그가 내게 좋은 일을 하였느니라 가난한 자들은 항상 너희와 함께 있거니와 나는 항상 함께 있지 아니하리라 이 여자가 내 몸에 이 향유를 부은 것은 내 장례를 위하여 함이니라 내가 진실로 너희에게 이르노니 온 천하에 어디서든지 이 복음이 전파되는 곳에서는 이 여자가 행한 일도 말하여 그를 기억하리라 하시니라

기도 요점

예수께서 베다니 나병환자 시몬의 집에 계실 때에 한 여자가 매우 귀한 향유 한 옥합을 가지고 나아와서 식사하시는 예수의 머리에 부으니 이를 본 제자들의 반응은? 그들의 반응을 보시고 예수님이 그들에게 이르신 말씀은?

도움의 말

예수께서 베다니 나병환자 시몬의 집에 계실 때에 한 여자가 매우 귀한 향유 한 옥합을 가지고 나아와 식사하시는 예수의 머리에 붓습니다. 당시 식사 하는 중에 그 잔치의 가장 높은 귀빈에게 값비싼 향유를 부어 그를 영화롭게 하는 것이 유대 전통적 관습이었다고 합니다. 그렇지만 예수님은 나병환자 시몬의 집 식탁교제의 자리에서 한 여인으로부터 기름부음을 받습니다. 이를 지켜보고 있던 제자들이 분개하여 이르기를 무슨 의도로 이것을 허비하느냐고 그 여자를 나무랍니다. 이뿐만 아니라 그들은 그 향유를 머리에 부어 허비

하는 것보다 이것을 비싼 값에 팔아 가난한 자들에게 주는 것이 더 낫다고 하며 투덜거립니다. 이에 예수께서 그들에게 세 가지 말씀을 하시는데, 첫째는 너희가 어찌하여 이 여자를 괴롭게 하느냐 그가 내게 좋은 일을 하였다고 이르신다. 당시 제자들의 비난이 그 여자를 괴롭히는 일이라는 것을 감지하신 예수께서는 그녀가 내게 좋은 일을 하였다고 칭찬해 주십니다. 둘째는 가난한 자들은 항상 너희와 함께 있거니와 나는 항상 함께 있지 아니하니 이 여자가 내 몸에 이 향유를 부은 것은 내 장례를 위하여 한 것이라는 말씀입니다. 이 말씀은 두 가지 의미가 있는데, 하나는 이 땅의 제자들은 늘 가난한 이들과 함께 있을 수 있지만 예수께서는 그들과 항상 함께 있지 않을 것이며, 다른 하나는 유대인들의 장례식 관례대로 도유하는 의식이라는 말씀입니다. 왜냐하면 백성의 장로들과 대제사장들이 예수님을 죽이려고 모의하는 그때 그 여자가 예수님의 몸에 향유를 부어드렸기 때문입니다. 셋째는 온 천하에 어디서든지 이 복음이 전파되는 곳에서는 이 여자가 행한 일도 말하여 그를 기억할 것이라는 귀한 약속의 말씀입니다.

62
유다가 배반하다

마태복음 26 : 14-16

그 때에 열둘 중의 하나인 가룟 유다라 하는 자가 대제사장들에게 가서 말하되 내가 예수를 너희에게 넘겨주리니 얼마나 주려느냐 하니 그들이 은 삼십을 달아 주거늘 그가 그 때부터 예수를 넘겨 줄 기회를 찾더라

기도 요점

가룟 유다가 예수님을 팔러 대제사장들에게 갔던 때는? 가룟 유다가 예수님을 대제사장에게 넘겨 줄 기회를 찾았던 때는 언제부터인가?

도움의 말

향유를 예수님의 머리에 부은 것과 관련된 예수님의 말씀이 마치는 바로 그 때에 열둘 중의 하나인 가룟 유다가 대제사장들에게 갑니다. 대제사장들에게 간 유다는 자기가 예수를 너희에게 넘겨 줄 터이니 얼마나 주겠느냐고 합니다. 여기서 가룟 유다는 자기의 스승 예수님을 팔기 위하여 정식으로 그들과 값을 흥정합니다. 이에 그들은 그에게 은 삼십을 달아줍니다. 당시 황소가 다른 사람의 노예를 죽였을 때 은 삼십 세겔을 배상하였다고 합니다(출 21 : 32). 그렇다면 가룟 유다는 예수님을 황소가 노예를 죽였을 때의 값어치로 그들의 손에 예수님을 판 것이 됩니다. 은 삼십을 받고 난 후부터 가룟 유다는 예수님을 그들에게 넘겨줄 기회를 찾습니다. 이 같은 유다의 배반으로 스가랴 11장 12절, '내가 그들에게 이르되 너희가 좋게 여기거든 내 품삯을 내게 주고 그렇지 아니하거든 그만두라 그들이 곧 은 삼십 개를 달아서 내 품삯을 삼은지라'는 말씀이 성취됩니다.

63
마지막 유월절 식사

마태복음 26 : 17-25

무교절의 첫날에 제자들이 예수께 나아와서 이르되 유월절 음식 잡수실 것을 우리가 어디서 준비하기를 원하시나이까 이르시되 성안 아무에게 가서 이르되 선생님 말씀이 내 때가 가까이 왔으니 내 제자들과 함께 유월절을 네 집에서 지키겠다 하시더라 하라 하시니 제자들이 예수께서 시키신 대로 하여 유월절을 준비하였더라 저물 때에 예수께서 열두 제자와 함께 앉으셨더니 그들이 먹을 때에 이르시되 내가 진실로 너희에게 이르노니 너희 중의 한 사람이 나를 팔리라 하시니 그들이 몹시 근심하여 각각 여짜오되 주여 나는 아니지요 대답하여 이르시되 나와 함께 그릇에 손을 넣는 그가 나를 팔리라 인자는 자기에 대하여 기록된 대로 가거니와 인자를 파는 그 사람에게는 화가 있으리로다 그 사람은 차라리 태어나지 아니하였더라면 제게 좋을 뻔하였느니라 예수를 파는 유다가 대답하여 이르되 랍비여 나는 아니지요 대답하시되 네가 말하였도다 하시니라

기도 요점

제자들이 마지막 유월절 음식 잡수실 것을 어디서 준비하기를 원하시느냐는 질문을 드리자, 이에 대한 예수님의 대답은? 제자들이 예수께서 시키신 대로 하여 유월절을 준비하고, 저물 때에 예수께서 열두 제자와 함께 앉으셨더니 그들이 먹을 때에 너희 중의 한 사람이 나를 팔리라 하시는데, 이에 대한 제자들의 반응은?

도움의 말

무교절 첫날에 제자들이 예수께 나아와서 유월절 음식 잡수실 것을 우리가 어디서 준비하기를 원하시냐고 묻습니다. 무교절은 유대력으로 니산월(태양력 3, 4월경) 15일부터 일주일동안 지키는 큰 절기로서 14일인 유월절 저녁부터

무교병을 먹는데, 유월절과 무교절이란 말을 상호 교호적으로 사용하였다고 합니다(출 12 : 15-20 ; 레 21:6; 민 28:17). 유월절 음식은 니산월 14일 해지기 전에 양을 잡아 쓴 나물과 함께 준비해 두었다가 해가 지는 시점 전후하여 식사를 시작하는데, 첫 번째는 손을 씻고, 가장이 축제에 대한 감사를 드리고 네 번에 걸쳐 마시게 되는 물을 탄 포도주 중 그 첫째 잔을 마실 때 기도로 시작되며, 두 번째는 채소와 쓴 나물을 양념에 찍어 전체로 먹은 뒤 유월절 학가다와 할렐 찬양의 첫 부분 시편 113편 또는 113, 114편이 이어지고, 세 번째는 유월절 학가다에서는 집안의 자녀들이 이 예식의 의미를 묻고, 가장이 출애굽 사건에 비추어 이에 대한 의미를 설명하고, 네 번째는 포도주를 두 번째 마심으로 본 만찬이 시작되고, 이때 양고기가 식탁에 오르며, 다섯 번째는 세 번째 포도주 잔이 이어지는데, 이는 축복의 잔으로서 이 잔을 마실 때 또 한 번 감사기도가 있고, 여섯 번째는 유월절 식사 참석자들은 할렐 찬양의 나머지 시편 114-118편 또는 시편 115-118편을 부른다고 합니다. 네 번째 포도주 잔을 마시는 것으로 식사가 진행되었다고 합니다. 이처럼 유월절 식사 준비가 쉽지 않았고, 게다가 당시 대제사장들과 백성의 장로들은 시기로 인하여 예수님을 죽이려는 음모를 하고 있었을 때였으므로 예수님께서 제자들과 함께 유월절 식사 할 곳을 제공하는 것은 쉬운 일이 아니었을 것입니다. 그런데 이러한 상황에서 유월절 식사 준비에 관한 제자들의 질문에 예수님은 아무에게 가서 이르기를 선생님 말씀이 내 때가 가까이 왔으니 내 제자들과 함께 유월절을 네 집에서 지키겠다고 이르라 대답하십니다. 여기서 '내 때'란 하나님께서 정해진 때를 가리키는 것으로서 이는 하나님께서 이미 정해놓으신 때, 즉 죄로부터 인류를 구속하시기 위한 대속적 죽음의 때를 의미합니다. 그렇지만 당시 제자들이나 그 집 주인은 그 때를 유월절 식사의 때라고 이해할 수 있었을 것입니다. 이와 같이하여 제자들이 예수께서 시키신 대로 유월절을 준비합니다. 저물 때에 예수께서 열두 제자와 함께 앉으셨는데, 그들이 먹을 때에 예수께서 이르시기를 너희 중의 한 사람이 나를 팔리라고 하십니다. 이에 그들이 몹시 근심하며 각각 여쭈어 말씀드리기를 주여 나는 아니지요 라고 합니다. 그러자 예수께서 그들에게 나와 함께 그릇에 손을 넣는 그가 나를 팔리라고 하시면서 두 가지 말씀을 해주시는데, 하나는 인자는 자기에 대하여 기록된 대로 가거니와 인자를 파는 그 사람에게는 화가 있다는 말씀입니다. 다른 하나는 그 사람은 차라리 태어나지 아니하였더라면 제게 좋을 뻔하였다는 말씀입니다. 이때 예수님을 파는 유다가 대답하여 이르기를 랍비여 나는 아니지요 라고 하자, 예수께서 그에게 대답하시기를 네가 말하였다고 하십니다.

64
예수께서 제정하신 성례

마태복음 26 : 26-30

그들이 먹을 때에 예수께서 떡을 가지사 축복하시고 떼어 제자들에게 주시며 이르시되 받아서 먹으라 이것은 내 몸이니라 하시고 또 잔을 가지사 감사 기도 하시고 그들에게 주시며 이르시되 너희가 다 이것을 마시라 이것은 죄 사함을 얻게 하려고 많은 사람을 위하여 흘리는 바 나의 피 곧 언약의 피니라 그러나 너희에게 이르노니 내가 포도나무에서 난 것을 이제부터 내 아버지의 나라에서 새것으로 너희와 함께 마시는 날까지 마시지 아니하리라 하시니라 이에 그들이 찬미하고 감람 산으로 나아가니라

기도 요점

예수께서 유월절 식사 중에 떡을 먹을 때에 떡을 가지사 축복하시고 떼어 제자들에게 주시며 이르시되 받아서 먹으라 이것은 내 몸이니라 하시고 또 잔을 가지사 감사 기도 하시고 그들에게 주시며 이르시되 너희가 다 이것을 마시라 이것은 죄 사함을 얻게 하려고 많은 사람을 위하여 흘리는 바 나의 피 곧 언약의 피니라 라는 데서부터 성례가 제정되었는데, 당시 상황을 상상해 보십시오. 예수께서 제자들에게 내가 포도나무에서 난 것을 이제부터 내 아버지의 나라에서 새것으로 너희와 함께 마시는 날까지 마시지 아니하리라 하시는데, 이 말씀의 의미는?

도움의 말

그들이 유월절 식사를 먹을 때에 예수께서 떡을 가지사 축복하시고 떼어 제자들에게 주시며 이르시기를 받아먹으라 하신다. 여기서 떡은 유월절 식탁의 무교병으로서 전통적 관례에 따라 떡을 들어 축사하시고 떼어 제자들에게 주시는데, 당시 유월절 식사에서 유대인들은 전통적으로 '우리 주 하나님, 우주의 왕이시여, 땅에서 떡을 내신 당신께 영광이 있기를' 이라는 공식 문구

의 기도를 하였다고 합니다. 구약시대는 떼어진 떡은 선민 이스라엘의 뼈아픈 과거의 고통을 상징하였다고 합니다. 그러나 예수께서 친히 떡을 떼시는 것은 예수님과 연관시켜 고통 중에 십자가에서 찢기실 예수님의 몸을 상징합니다. 그렇기 때문에 예수님은 떡을 떼어 제자들에게 주시며 이것은 내 몸이니라 하신다. 그리고 또 잔을 가지시고 감사기도 하시고 그들에게 주시는데, 유월절 식사 중이므로 이 잔은 세 번째 축복의 잔이었을 것으로 본다고 합니다. 예수께서는 제자들에게 이르시기를 너희가 다 이것을 마시라 하십니다. 이는 예수님의 몸을 상징하는 떡을 먹은 제자들 모두 다 죄 사함을 얻게 하려고 많은 사람을 위하여 흘리는 바 예수님의 피 곧 언약의 피를 마시라고 하십니다. 피 없이는 하나님께 속죄를 받을 수 없기 때문에(히 9 : 22) 구약시대 죄 용서를 얻게 하였던 피는 대속제물인 짐승의 피였습니다. 그렇지만 이 피로는 하나님을 믿지 아니하고 사랑하지 아니하는 죄로부터 인간을 완전히 벗어나게 할 수 없습니다. 그리하여 구약에서는 대제사장들이 일 년에 한 번 매년 짐승의 피로 속죄 제사를 드려야 했습니다. 그리하여 예수께서는 모든 인간의 죄를 대속하시려고 단번에 자신을 제물로 드려 십자가에서 죽으시어 흘리신 피를 새로운 언약의 피라고 하십니다. 이와 같이하여 예수 그리스도는 십자가 위에서 살이 찢기시고 피를 흘리시며 죽으심으로써 모든 인간을 죄로부터 구원해 주셨습니다. 구약시대 하나님께서 이스라엘 백성을 애굽의 노예로부터 구원하여 주신 것을 기념하는 것이 유월절 식사와 관련되듯이 신약시대 우리 하나님백성들은 예수님의 대속적인 죽음으로 인하여 우리를 죄로부터 자유하게 하신 예수님의 권위로 제정된 성례를 통하여 예수 그리스도를 기념합니다. 그리고는 예수께서 제자들에게 이르시기를 내가 포도나무에서 난 것을 이제부터 내 아버지의 나라에서 새것으로 너희와 함께 마시는 날까지 마시지 아니하실 것이라고 하시는데, 이는 예수께서 유월절 식사의 네 번째 잔을 드시며 더 이상의 잔을 물리치시면서 제자들의 관심을 하나님나라에서 새것으로 마시는 날까지 마시지 아니하실 것에 두게하십니다. 그리하여 예수님은 제자들로 하여금 그들의 관심을 하나님나라 백성 된 자로서 아버지 하나님 나라와 그곳에서의 기쁨의 잔치에 두게 하십니다. 이에 제자들이 찬미하고 감람 산으로 나아가는데, 이 찬미는 유월절 식사 마지막 부분에 노래하는 할렐 후반부로서 시편 114-118편 또는 115편-118편이라고 합니다.

65
너희가 다 나를 버리리라

마태복음 26 : 31-35

그 때에 예수께서 제자들에게 이르시되 오늘 밤에 너희가 다 나를 버리리라 기록된 바 내가 목자를 치리니 양의 떼가 흩어지리라 하였느니라 그러나 내가 살아난 후에 너희보다 먼저 갈릴리로 가리라 베드로가 대답하여 이르되 모두 주를 버릴지라도 나는 결코 버리지 않겠나이다 예수께서 이르시되 내가 진실로 네게 이르노니 오늘 밤 닭 울기 전에 네가 세 번 나를 부인하리라 베드로가 이르되 내가 주와 함께 죽을지언정 주를 부인하지 않겠나이다 하고 모든 제자도 그와 같이 말하니라

기도 요점

예수께서 제자들에게 너희가 다 나를 버리리 라고 말씀하시자, 이에 대한 베드로 그 외 제자들의 반응은? 예수께서 제자들에게 기록된 바 내가 목자를 치리니 양의 떼가 흩어지리라 하였느니라 그러나 내가 살아난 후에 너희보다 먼저 갈릴리로 가리라고 하시는데, 이 말씀의 의미는?

도움의 말

제자들과 감람 산으로 올라가시는 때에 예수께서 제자들에게 오늘 밤에 너희가 다 나를 버릴 것이라고 이르신다. 예수께서는 기록된 바 내가 목자를 치리니 양의 떼가 흩어지리라 하였느니라 하시는데, 이는 스가랴 13장 7절이 의도하는 내용의 말씀으로서 제자들이 예수님을 팔고, 버리고, 부인함으로써 흩어질 것을 말씀하신 것입니다. 그렇지만 예수께서는 그들에게 내가 살아난 후에 너희보다 먼저 갈릴리로 갈 것이라고 이르십니다. 이는 예수님의 죽음의 수난 바로 앞에 처음 나타나는 부활의 예고입니다. 또한 동시에 이는 제자들이 예수님을 유대지경의 무덤에 두고 갈릴리 집으로 돌아갈 것이지만 실망한 그들이 그곳에 닿기 전에 부활하신 예수께서 먼저 도착하실 것이라는 말

씀입니다. 이 말씀을 들은 베드로가 예수님께 모두 주를 버릴지라도 나는 결코 버리지 않겠다고 합니다. 그러자 예수께서 이르시기를 내가 진실로 네게 이르노니 오늘 밤 닭 울기 전에 네가 세 번 나를 부인하리라고 하십니다. 이에 베드로가 예수님께 내가 주와 함께 죽을지언정 주를 부인하지 않겠다고 합니다. 뿐만 아니라 모든 제자도 그와 같이 말합니다.

66
겟세마네에서 기도하시다

마태복음 26 : 36-46

이에 예수께서 제자들과 함께 겟세마네라 하는 곳에 이르러 제자들에게 이르시되 내가 저기 가서 기도할 동안에 너희는 여기 앉아 있으라 하시고 베드로와 세베대의 두 아들을 데리고 가실새 고민하고 슬퍼하사 이에 말씀하시되 내 마음이 매우 고민하여 죽게 되었으니 너희는 여기 머물러 나와 함께 깨어 있으라 하시고 조금 나아가사 얼굴을 땅에 대시고 엎드려 기도하여 이르시되 내 아버지여 만일 할 만하시거든 이 잔을 내게서 지나가게 하옵소서 그러나 나의 원대로 마시옵고 아버지의 원대로 하옵소서 하시고 제자들에게 오사 그 자는 것을 보시고 베드로에게 말씀하시되 너희가 나와 함께 한 시간도 이렇게 깨어 있을 수 없더냐 시험에 들지 않게 깨어 기도하라 마음에는 원이로되 육신이 약하도다 하시고 다시 두 번째 나아가 기도하여 이르시되 내 아버지여 만일 내가 마시지 않고는 이 잔이 내게서 지나갈 수 없거든 아버지의 원대로 되기를 원하나이다 하시고 다시 오사 보신즉 그들이 자니 이는 그들의 눈이 피곤함일러라 또 그들을 두시고 나아가 세 번째 같은 말씀으로 기도하신 후 이에 제자들에게 오사 이르시되 이제는 자고 쉬라 보라 때가 가까이 왔으니 인자가 죄인의 손에 팔리느니라 일어나라 함께 가자 보라 나를 파는 자가 가까이 왔느니라

기도 요점

예수께서 겟세마네에서 얼굴을 땅에 대시고 엎드려 첫 번째 '내 아버지여 만일 할 만하시거든 이 잔을 내게서 지나가게 하옵소서 그러나 나의 원대로 마시옵고 아버지의 원대로 하옵소서'라고 기도하시는데, 이 같은 기도를 하시는 예수님을 묵상하십시오. 예수께서 두 번째와 세 번째 나아가 '내 아버지여 만일 내가 마시지 않고는 이 잔이 내게서 지나갈 수 없거든 아버지의 원대로 되기를 원하나이다.' 라는 같은 내용의 기도를 두 번씩 하시는데, 이 기도를

통하여 자신에게 주시는 말씀은?

도움의 말

예수께서 제자들과 함께 예루살렘 동쪽 벽으로부터 1.1km 정도 떨어져 있고, 기드론 골짜기 너머 감람나무가 우거진 감람 산 기슭에 위치하여 있는 겟세마네라 하는 곳에 이르신다. 그곳에서 예수님은 제자들에게 이르시기를 내가 저기 가서 기도할 동안에 너희는 여기 앉아 있으라 하시고 베드로와 세베대의 두 아들을 데리고 가십니다. 그리고 이어서 예수님은 함께 간 그 세 제자에게 내 마음이 매우 고민하여 죽게 되었으니 너희는 여기 머물러 나와 함께 깨어 있으라 하시고 조금 나아가십니다. 예수님의 마음이 심히 고민하시는 것은 죽음의 육체적 고통도 물론이지만 모든 인간의 죄를 지고 스스로 죄인 되시어 하나님으로부터 저주 받은바 된 것입니다. 그리하여 예수님은 얼굴을 땅에 대시고 엎드려 기도하시기를 내 아버지여 만일 할 만하시거든 이 잔을 내게서 지나가게 하여 달라는 기도를 드리십니다. 죽음을 앞 둔 예수께서는 이 땅에 자신을 보내셨고 또한 십자가의 쓴 잔을 마시게 하실 하나님 아버지를 부르며 이 잔이 자신에게서 지나가게 하시기를 기도하시지만 이어서 그러나 나의 원대로 마시옵고 아버지의 원대로 하시기를 기도하십니다. 예수님의 이 같이 아버지의 원대로 하시기를 기도하시면서 그 쓴 잔을 마실 수 있도록 하여 주시기를 아버지께 간구하십니다. 이 간구를 하시고 예수께서는 제자들에게 돌아오시는데, 그들이 피곤하여 자는 것을 보시고 베드로에게 말씀하시되 너희가 나와 함께 한 시간도 이렇게 깨어 있을 수 없더냐 시험에 들지 않게 깨어 기도하라 마음에는 원이로되 육신이 약하다 이르십니다. 그리고 다시 두 번째 나아가 기도하여 이르시기를 내 아버지여 만일 내가 마시지 않고는 이 잔이 내게서 지나갈 수 없거든 아버지의 원대로 되기를 원하신다는 기도를 드립니다. 두 번째 기도는 첫 번째와 달리 더 확실히 아버지의 원대로 되기를 원하시는 기도를 드립니다. 두 번째 기도 후, 다시 예수께서 오시는데, 세 제자들이 잡니다. 이는 그들의 눈이 피곤하기 때문이라 하시고 또 그들을 두시고 나아가 세 번째 같은 말씀으로 기도하신 후 이에 제자들에게 오사 이르시기를 이제는 자고 쉬라 하시며 예수께서는 두 가지 말씀을 그들에게 하십니다. 하나는 보라 때가 가까이 왔으니 인자가 죄인의 손에 팔리리니 일어나라 함께 가자라는 말씀이고 다른 하나는 보라 나를 파는 자가 가까이 왔다는 말씀입니다.

67
예수께서 잡히시다

마태복음 26 : 47-56

말씀하실 때에 열둘 중의 하나인 유다가 왔는데 대제사장들과 백성의 장로들에게서 파송된 큰 무리가 칼과 몽치를 가지고 그와 함께 하였더라 예수를 파는 자가 그들에게 군호를 짜 이르되 내가 입맞추는 자가 그이니 그를 잡으라 한지라 곧 예수께 나아와 랍비여 안녕하시옵니까 하고 입을 맞추니 예수께서 이르시되 친구여 네가 무엇을 하려고 왔는지 행하라 하신대 이에 그들이 나아와 예수께 손을 대어 잡는지라 예수와 함께 있던 자 중의 하나가 손을 펴 칼을 빼어 대제사장의 종을 쳐 그 귀를 떨어뜨리니 이에 예수께서 이르시되 네 칼을 도로 칼집에 꽂으라 칼을 가지는 자는 다 칼로 망하느니라 너는 내가 내 아버지께 구하여 지금 열두 군단 더 되는 천사를 보내시게 할 수 없는 줄로 아느냐 내가 만일 그렇게 하면 이런 일이 있으리라 한 성경이 어떻게 이루어지겠느냐 하시더라 그 때에 예수께서 무리에게 말씀하시되 너희가 강도를 잡는 것 같이 칼과 몽치를 가지고 나를 잡으러 나왔느냐 내가 날마다 성전에 앉아 가르쳤으되 너희가 나를 잡지 아니하였도다 그러나 이렇게 된 것은 다 선지자들의 글을 이루려 함이니라 하시더라 이에 제자들이 다 예수를 버리고 도망하니라

기도 요점

예수께서 잡히시는 과정을 상상해 보십시오. 유다와 함께 온 무리들이 예수님을 잡는지라 이에 예수와 함께 있던 자 중의 하나가 대제사장의 종을 칼로 쳐서 그 귀를 떨어뜨리는데, 이를 보신 예수께서 하신 일과 말씀들은?

도움의 말

예수께서 제자들과의 말씀을 다 마칠 때에 유월절 식사 후 감람 산 겟세마네로 가실 것을 익히 아는 열두 제자들 중의 하나인 유다가 왔습니다. 그는 대제

사장들과 백성의 장로들에게서 파송된 칼과 몽치를 가진 큰 무리와 함께 왔습니다. 예수를 파는 유다가 그들에게 군호를 짜 이르기를 내가 입 맞추는 자가 예수이니 그를 잡으라 하였기에 그는 곧 예수께 나아와 랍비여 안녕하시냐고 하며 입을 맞춥니다. 당시 입맞춤은 존경과 사랑을 표하는 일반적인 인사법이었다고 합니다. 이에 예수께서 그에게 친구여 네가 무엇을 하려고 왔는지 행하라 하시는데, 이는 그가 할 일을 어서 행하라는 말씀입니다. 그러자 그와 함께 왔던 그들이 나아와 예수께 손을 대어 잡는데, 그때 예수님과 함께 있던 자 중의 하나가 손을 펴 칼을 빼어 대제사장의 종을 쳐 그 귀를 떨어뜨립니다. 이를 보신 예수께서 그에게 두 가지 말씀을 하십니다. 하나는 네 칼을 도로 칼집에 꽂으라 하시며 칼을 가지는 자는 다 칼로 망한다고 이르십니다. 다른 하나는 너는 내가 내 아버지께 구하여 지금 열두 군단 더 되는 천사를 보내시게 할 수 없는 줄로 아느냐 내가 만일 그렇게 하면 이런 일이 있으리라 한 성경이 어떻게 이루어지겠느냐 이르십니다. 이는 아버지 하나님께 도움을 청하기만 하면 칼과 몽치를 든 무리들을 실제로 막아낼 수 있지만 성경에서 말씀하신 아버지의 뜻 곧 모든 인간의 죄를 대속하시기 위하여 자발적으로 잡히어 가신다는 말씀입니다. 이 같이 말씀하신 그 때에 예수께서 무리를 향하여 너희가 강도를 잡는 것 같이 칼과 몽치를 가지고 나를 잡으러 나왔느냐 하시며 내가 날마다 성전에 앉아 가르쳤지만 너희가 나를 잡지 아니하였는데, 그러나 이렇게 된 것은 다 선지자들의 글을 이루려 함이라고 이르십니다. 이는 구약에서 선지자들을 통하여 말씀하신 하나님의 말씀의 성취를 의미합니다. 여기까지 예수님의 말씀을 듣고 있던 제자들은 예수께서 이미 말씀하신 것처럼 예수님을 버리고 모두 다 도망합니다.

68
공회 앞에 서신 예수님

마태복음 26 : 57-68

예수를 잡은 자들이 그를 끌고 대제사장 가야바에게로 가니 거기 서기관과 장로들이 모여 있더라 베드로가 멀찍이 예수를 따라 대제사장의 집 뜰에까지 가서 그 결말을 보려고 안에 들어가 하인들과 함께 앉아 있더라 대제사장들과 온 공회가 예수를 죽이려고 그를 칠 거짓 증거를 찾으매 거짓 증인이 많이 왔으나 얻지 못하더니 후에 두 사람이 와서 이르되 이 사람의 말이 내가 하나님의 성전을 헐고 사흘 동안에 지을 수 있다 하더라 하니 대제사장이 일어서서 예수께 묻되 아무 대답도 없느냐 이 사람들이 너를 치는 증거가 어떠하냐 하되 예수께서 침묵하시거늘 대제사장이 이르되 내가 너로 살아 계신 하나님께 맹세하게 하노니 네가 하나님의 아들 그리스도인지 우리에게 말하라 예수께서 이르시되 네가 말하였느니라 그러나 내가 너희에게 이르노니 이 후에 인자가 권능의 우편에 앉아 있는 것과 하늘 구름을 타고 오는 것을 너희가 보리라 하시니 이에 대제사장이 자기 옷을 찢으며 이르되 그가 신성모독 하는 말을 하였으니 어찌 더 증인을 요구하리요 보라 너희가 지금 이 신성모독 하는 말을 들었도다 너희 생각은 어떠하냐 대답하여 이르되 그는 사형에 해당하니라 하고 이에 예수의 얼굴에 침 뱉으며 주먹으로 치고 어떤 사람은 손바닥으로 때리며 이르되 그리스도야 우리에게 선지자 노릇을 하라 너를 친 자가 누구냐 하더라

기도 요점

대제사장이 심문받으시는 예수님께 이르되 내가 너로 살아 계신 하나님께 맹세하게 하노니 네가 하나님의 아들 그리스도인지 우리에게 말하라 하는데, 이에 대한 예수님의 대답은? 이 대답을 들은 대제사장의 반응은? 공회 앞에 서서 예수께서 대제사장으로부터 심문받으시는 과정전체를 상상해 보십시오.

도움의 말

예수님을 잡은 자들이 예수님을 끌고 대제사장 가야바에게로 갑니다. 거기에는 서기관과 장로들이 모여 있는 것으로 보아 산헤드린공회임을 알 수 있는데, 다른 제자들처럼 처음에는 도피하였던 베드로가 다시 돌아와 멀찍이 예수님을 따라 대제사장의 집 뜰에까지 가서 그 결말을 보려고 그 안에 들어가 있습니다. 이 같이 예수님의 뒤를 따라 온 베드로가 하인들과 함께 앉아 있는데, 대제사장들과 온 공회가 예수를 죽이려고 그를 칠 거짓 증거를 찾는데 거짓 증인이 많이 왔지만 그들 사이에 일치된 아무 증거를 얻지 못합니다. 그리하여 후에 두 사람이 와서 이르기를 예수님을 가리키며 이 사람의 말이 내가 하나님의 성전을 헐고 사흘 동안에 지을 수 있다 하더라고 거짓 증언을 합니다. 이 두 증인은 예수께서 '너희가 이 성전을 헐면 내가 사흘 만에 다시 일으키리라'고 하셨던 말씀을 '하나님의 성전을 헐고 사흘에 지을 수 있다'라는 말씀으로 오해하고 증언한 것입니다. 예수께서 말씀하신 참 뜻은 예수께서 죽으신 후 사흘 만에 자신의 부활을 말씀하신 것입니다. 그러므로 그 두 증인의 증언은 예수님의 그 말씀에 대한 그들의 잘못된 이해에서 비롯된 증언입니다. 그러나 그럼에도 불구하고 대제사장이 일어서서 예수께 묻되 아무 대답도 없으십니다. 그러자 대제사장이 예수님께 이 사람들이 너를 치는 증거가 어떠하냐고 재촉입니다. 그렇지만 예수께서 침묵하십니다. 이에 대제사장이 이르기를 내가 너로 살아 계신 하나님께 맹세하게 하노니 네가 하나님의 아들 그리스도인지 우리에게 말하라고 합니다. 대제사장의 이 말은 예수님께 네가 이 세상을 구원할 메시야냐 라는 질문입니다. 이 질문에 예수님은 네가 말하였다고 하십니다. 그리고 이어서 예수님은 그러나 내가 너희에게 이르노니 이 후에 인자가 권능의 우편에 앉아 있는 것과 하늘 구름을 타고 오는 것을 너희가 보리라고 말씀하십니다. 이는 예수께서 지금 죄인처럼 대제사장의 심문을 받고 있지만 십자가에서 죽으신 후, 부활하실 것과 이후 승천하시어 하나님 우편에 앉아 계실 것과 재림하시는 것을 볼 것이라는 말씀입니다. 이러한 예수님의 말씀을 듣고 대제사장이 자기 옷을 찢으며 이르기를 그가 신성모독 하는 말을 하였으니 어찌 더 증인을 요구하겠느냐 라고 외칩니다. 이 같은 대제사장의 외침은 거기에 있는 사람들을 선동하여 사형판결을 이끌기에 충분했습니다. 이어 대제사장이 그들을 향하여 보라 너희가 지금 이 신성 모독 하는 말을 들었는데, 너희 생각은 어떠하냐고 묻습니다. 그러자 그들이 이르기를 그는 사형에 해당한다고 하면서 예수의 얼굴에 침 뱉으며 주먹으로 칩니다. 또 어떤 사람은 손바닥으로 때리며 이르기를 그리스도야 우리에게 선지자 노릇을 하라 너를 친 자가 누구냐고 조롱합니다.

69
베드로가 예수를
알지 못한다고 하다

마태복음 26 : 69-75

베드로가 바깥 뜰에 앉았더니 한 여종이 나아와 이르되 너도 갈릴리 사람 예수와 함께 있었도다 하거늘 베드로가 모든 사람 앞에서 부인하여 이르되 나는 네가 무슨 말을 하는지 알지 못하겠노라 하며 앞문까지 나아가니 다른 여종이 그를 보고 거기 있는 사람들에게 말하되 이 사람은 나사렛 예수와 함께 있었도다 하매 베드로가 맹세하고 또 부인하여 이르되 나는 그 사람을 알지 못하노라 하더라 조금 후에 곁에 섰던 사람들이 나아와 베드로에게 이르되 너도 진실로 그 도당이라 네 말소리가 너를 표명한다 하거늘 그가 저주하며 맹세하여 이르되 나는 그 사람을 알지 못하노라 하니 곧 닭이 울더라 이에 베드로가 예수의 말씀에 닭 울기 전에 네가 세 번 나를 부인하리라 하심이 생각나서 밖에 나가서 심히 통곡하니라

기도 요점

멀찍이 예수님을 뒷 따라 가야바의 궁 바깥뜰에 앉아 있었던 베드로가 세 번씩 예수님을 알지 못한다고 말하는 과정을 상상해 보십시오. 베드로가 예수님을 부인하는 세 번의 과정이 자신에게 주는 의미는?

도움의 말

베드로가 요한의 도움으로 대제사장 가야바의 궁 안으로 들어갈 수 있었으나 예수께서 심문 받으시는 궁전의 실내로 들어갈 수 없었으므로 그는 바깥뜰에 앉았습니다. 이곳에 앉아 있는 베드로에게 한 여종이 나아와 이르기를 너도 갈릴리 사람 예수와 함께 있었다고 말합니다. 이에 베드로가 모든 사람 앞에서 그녀를 향하여 나는 네가 무슨 말을 하는지 알지 못하겠다고 말하며 앞문까지 나아갑니다. 그런데 다른 여종이 베드로를 보고 거기 있는 사람들에

게 말하기를 이 사람은 나사렛 예수와 함께 있었다고 하니 베드로가 맹세하고 또 부인하기를 나는 그 사람, 예수를 알지 못한다고 말합니다. 여기서 맹세라는 말은 당시 유대인들이 진실을 고백하기 전에 먼저 선언하였던 일반적인 말로서 이는 베드로가 만약 거짓을 말한다면 하나님이 자기에게 저주를 내리시기를 바란다는 의미로 사용되었다고 합니다. 그런데 조금 후에 곁에 섰던 사람들이 나아와 베드로를 보고 그에게 너도 진실로 그 도당이라 네 말소리가 너를 표명한다고 말합니다. 그러자 베드로가 저주하며 맹세하기를 나는 그 사람, 예수를 알지 못한다고 완강하게 말합니다. 베드로가 처음에는 예수님을 부인하고, 두 번째는 맹세하면서 부인하고, 그리고 세 번째는 저주하면서 부인하게 됩니다. 이때 곧 닭이 우는 소리를 듣고 베드로가 예수의 말씀에 닭 울기 전에 네가 세 번 나를 부인하리라는 말씀이 생각나서 밖에 나가서 심히 통곡합니다.

70
예수를
빌라도에게 넘기다

마태복음 27 : 1-2

새벽에 모든 대제사장과 백성의 장로들이 예수를 죽이려고 함께 의논하고 결박하여 끌고 가서 총독 빌라도에게 넘겨 주니라

기도 요점

새벽에 모든 대제사장과 백성의 장로들이 예수님을 죽이려고 함께 의논한 까닭은? 모든 대제사장과 장로들이 예수님을 죽이려고 함께 의논하고 결박하여 끌고 가서 총독 빌라도에게 넘겨준 까닭은?

도움의 말

산헤드린 공의회는 해가 떠올라야 공식회의를 열 수 있었다고 합니다. 그런데 대제사장들과 장로들은 지난밤 예수님을 사형에 처해야 된다는 것을 결의한 바 있었습니다. 그러므로 새벽 해가 떠 오른 후에 그들은 산헤드린 공식 회의를 열고 예수님을 죽이려고 함께 의논하였던 것입니다. 이와 같이하여 그들은 다시 산헤드린 공의회에 모여 그들에 의하여 결안 된 예수님의 사형선고를 합법적인 과정을 거쳐서 인준하여 줍니다. 그리고 난 후, 그들은 예수님의 두 손을 뒤로 모으고 포승으로 묶어 결박하여 끌고 가서 총독 빌라도에게 넘겨주는데, 이 같은 결박은 당시 사형수와 같은 극형을 받은 이들을 인도할 때 사용되었다고 합니다. 그들이 예수님을 이 같이하여 총독 빌라도에게 넘겨준 까닭은 그들이 사형선고의 결의는 하였지만 실제로 사형을 집행할 수 있는 권리는 당시 로마 총독에게 있었기 때문입니다. 이 같이하여 예수께서 빌라도 앞에 서신 때는 금요일 아침입니다.

71
유다가 목매어 죽다

마태복음 27 : 3-10

그 때에 예수를 판 유다가 그의 정죄됨을 보고 스스로 뉘우쳐 그 은 삼십을 대제사장들과 장로들에게 도로 갖다 주며 이르되 내가 무죄한 피를 팔고 죄를 범하였도다 하니 그들이 이르되 그것이 우리에게 무슨 상관이냐 네가 당하라 하거늘 유다가 은을 성소에 던져 넣고 물러가서 스스로 목매어 죽은지라 대제사장들이 그 은을 거두며 이르되 이것은 핏 값이라 성전 고에 넣어 둠이 옳지 않다 하고 의논한 후 이것으로 토기장이의 밭을 사서 나그네의 묘지를 삼았으니 그러므로 오늘날까지 그 밭을 피밭이라 일컫느니라 이에 선지자 예레미야를 통하여 하신 말씀이 이루어졌나니 일렀으되 그들이 그 가격 매겨진 자 곧 이스라엘 자손 중에서 가격 매긴 자의 가격 곧 은 삼십을 가지고 토기장이의 밭 값으로 주었으니 이는 주께서 내게 명하신 바와 같으니라 하였더라

기도 요점

유다가 목매여 죽은 까닭은? '오늘날까지 그 밭을 피밭이라 일컫느니라 이에 선지자 예레미야를 통하여 하신 말씀이 이루어졌나니 일렀으되 그들이 그 가격 매겨진 자 곧 이스라엘 자손 중에서 가격 매긴 자의 가격 곧 은 삼십을 가지고 토기장이의 밭 값으로 주었으니 이는 주께서 내게 명하신 바와 같으니라 하였더라'는 말씀이 의미하는 바는?

도움의 말

대제사장들과 백성의 장로들이 예수님을 고소하여 빌라도에게 넘긴 때에 예수를 판 유다가 그의 정죄됨을 보고 스스로 뉘우칩니다. 유다가 여기서 뉘우치기는 하였지만 하나님 앞에서 자신의 죄를 회개하는 차원은 아닌 것으로 봅니다. 왜냐하면 유다는 그 은 삼십을 대제사장들과 장로들에게 도로 갖다 주며 이르기를 내가 무죄한 피를 팔고 죄를 범하였다고 고백하는데, 그들은

그것이 우리에게 무슨 상관이냐 네가 당하라고 하니 유다가 은을 성소에 던져 넣고 물러가 스스로 목매어 죽었기 때문입니다. 그 은을 대제사장들이 거두며 이르기를 이것은 핏 값이라 성전 고에 넣어 둠이 옳지 않다고 의논 한 후, 이것을 토기장이의 밭을 사서 나그네의 묘지로 삼았습니다. 율법에 이런 피 값의 돈은 여호와께서 미워하시는 것이므로 자선과 구제 등과 같은 용도로 사용되거나 헌금한 자에게 반환하였다고 합니다. 그리하여 대제사장들이 이 돈으로 밭을 사 나그네 묘지로 사용하기로 했던 것입니다. 당시 나그네 묘지는 타 지방에 사는 유대인이나 개종한 이방인들이 명절 등의 일 때문에 예루살렘에 왔다가 죽는 경우 묻어주는 묘지였다고 합니다. 오늘날까지 그 밭을 피밭이라 일컫는다고 하는데, 이는 현재 이곳의 가난한 예루살렘 주민과 치욕스러운 사람들의 뼈 무덤으로 사용된다고 합니다. 이는 선지자 예레미야를 통하여 하신 말씀이 이루어진 것으로서 말하며, 이는 또한 스가랴 11장을 보면, 이스라엘 백성이 그들의 목자 되신 여호와께 삯은 은 삼십을 드렸고 제사장은 그것으로 토기장이의 밭을 샀는데, 이 같은 예언이 예수님의 팔리시는 사건으로 성취된 것으로 봅니다.

72
빌라도의 심문

마태복음 27 : 11-18

예수께서 총독 앞에 섰으매 총독이 물어 이르되 네가 유대인의 왕이냐 예수
께서 대답하시되 네 말이 옳도다 하시고 대제사장들과 장로들에게 고발을 당
하되 아무 대답도 아니하시는지라 이에 빌라도가 이르되 그들이 너를 쳐서
얼마나 많은 것으로 증언하는지 듣지 못하느냐 하되 한 마디도 대답하지 아
니하시니 총독이 크게 놀라워하더라 명절이 되면 총독이 무리의 청원대로 죄
수 한 사람을 놓아 주는 전례가 있더니 그 때에 바라바라 하는 유명한 죄수가
있는데 그들이 모였을 때에 빌라도가 물어 이르되 너희는 내가 누구를 너희
에게 놓아 주기를 원하느냐 바라바냐 그리스도라 하는 예수냐 하니 이는 그
가 그들의 시기로 예수를 넘겨 준 줄 앎이더라

기도 요점

빌라도가 대제사장들과 백성들의 장로에 의하여 고소당한 예수님을 심문할
때 네가 유대인의 왕이냐고 심문하는데, 그가 이 같은 심문을 한 까닭과 이
심문에 대한 예수님의 대답과 그 의미는? 총독 빌라도가 당시 너희는 내가
누구를 너희에게 놓아 주기를 원하느냐 바라바냐 그리스도라 하는 예수냐고
말을 한 까닭은?

도움의 말

당시 총독의 재판은 우선 원고의 고소 이유를 듣고, 피고에게 질문하고 피고
가 변론할 수 있는 기회를 주는데, 필요에 따라 피고의 변론을 몇 번 듣다가
배심원들의 의견을 듣고, 판결한 후, 곧 바로 그 판결이 집행되었다고 합니
다. 이로 보아 대제사장들과 백성의 장로들이 예수님을 당시 열심당처럼 유
대인의 왕이 되려고 한다는 죄목으로 고발하였으므로 총독이 예수께 네가 유
대인의 왕이냐는 심문을 한 것으로 봅니다. 총독 앞에 서신 예수께서 총독의

이 같은 질문에 네 말이 옳다고 대답하신다. 예수님의 이 같은 대답은 구세주로서의 메시야이심을 말씀하신 것이지 대제사장들이나 백성의 장로들이 고발한 것처럼 정치적인 왕 됨을 의미하지 않습니다. 예수께서는 대제사장들과 장로들에게 고발을 당하셨지만 이에 대하여 아무 대답도 하지 아니하십니다. 그들의 고소 내용 가운데 예수께서 자신을 그리스도라고 말씀하신 것을 제외하고는 모두 거짓고소이므로 예수께서는 침묵하시는데, 이는 이 모든 과정이 하나님의 섭리 안에 있기 때문에 하나님 아버지께서 아들이신 예수님을 이 땅에 보내신 목적을 순종하시는 것으로 사료됩니다. 이를 지켜보고 있던 빌라도가 예수님께 그들이 너를 쳐서 얼마나 많은 것으로 증언하는지 듣지 못하느냐고 하면서 무슨 말이라도 하도록 재촉하였지만, 그럼에도 불구하고 예수께서는 한 마디도 대답하지 아니하신다. 그리하여 총독이 크게 놀라워합니다. 그러나 당시 로마법은 로마제국의 행정관이 정죄되지 않은 죄인을 사면해 줄 수 있었고, 또한 정죄된 죄인을 용서하여 줄 권리가 있었다고 합니다. 그리하여 대제사장들과 장로들이 모였을 때에 빌라도가 명절이 되면 총독이 무리의 청원대로 죄수 한 사람을 놓아 주는 전례대로 이 권리를 집행하기 위하여 그들에게 너희는 누구를 너희에게 놓아 주기를 원하느냐 그 유명한 죄수 바라바냐 혹은 그리스도라 하는 예수냐고 묻습니다. 사실 당시 빌라도는 대제사장들과 백성의 장로들이 예수님을 시기하여 그에게 넘겨준 줄을 알고 있었습니다.

73
예수님을 채찍질하고
십자가에 못 박히게 넘기다

마태복음 27 : 19-26

총독이 재판석에 앉았을 때에 그의 아내가 사람을 보내어 이르되 저 옳은 사람에게 아무 상관도 하지 마옵소서 오늘 꿈에 내가 그 사람으로 인하여 애를 많이 태웠나이다 하더라 대제사장들과 장로들이 무리를 권하여 바라바를 달라 하게하고 예수를 죽이자 하게 하였더니 총독이 대답하여 이르되 둘 중의 누구를 너희에게 놓아 주기를 원하느냐 이르되 바라바로소이다 빌라도가 이르되 그러면 그리스도라 하는 예수를 내가 어떻게 하랴 그들이 다 이르되 십자가에 못 박혀야 하겠나이다 빌라도가 이르되 어찜이냐 무슨 악한 일을 하였느냐 그들이 더욱 소리 질러 이르되 십자가에 못 박혀야 하겠나이다 하는지라 빌라도가 아무 성과도 없이 도리어 민란이 나려는 것을 보고 물을 가져다가 무리 앞에서 손을 씻으며 이르되 이 사람의 피에 대하여 나는 무죄하니 너희가 당하라 백성이 다 대답하여 이르되 그 피를 우리와 우리 자손에게 돌릴지어다 하거늘 이에 바라바는 그들에게 놓아 주고 예수는 채찍질하고 십자가에 못 박히게 넘겨 주니라

기도 요점

총독 빌라도가 무리들의 집요한 요구에 따라 예수님을 채찍질하고 십자가에 못 박히게 넘겨주는 과정을 상상해 보십시오. 예수님 당시 로마법에 의한 십자가형이란?

도움의 말

빌라도가 총독 관저 앞에 있는 돌로 만든 단상인 재판석에 앉았을 때에 그의 아내가 사람을 보냈습니다. 그 사람을 통하여 그의 아내는 남편인 총독 빌라도에게 이르기를 저 옳은 사람, 예수님에게 아무 상관도 하지 말라고 이릅니

다. 그 이유는 그녀가 오늘 꿈에 예수님으로 인하여 애를 많이 태웠다고 남편에게 알려줍니다. 그런데 대제사장들과 장로들이 무리를 권하여 바라바를 달라 하게하고 예수님을 죽이자 하게하고 있었습니다. 총독이 그들에게 둘 중의 누구를 너희에게 놓아 주기를 원하느냐고 묻습니다. 그러자 그들은 바라바를 택합니다. 이에 빌라도가 그들에게 그리스도라 하는 예수를 내가 어떻게 하랴 하니 그들이 다 이르기를 십자가에 못 박혀야 하겠다고 합니다. 그들은 예수님을 로마법에 의한 십자가형을 강력하게 요구합니다. 로마법 십자가형은 가장 불명예스러운 난동으로 처형하는 형으로서 그들은 예수님을 하나님께 저주받은 자로 단죄하기를 요구한 것입니다. 예수님을 십자가에 못 박혀야 하겠다는 그들의 말을 듣고 놀란 빌라도가 어찜이냐 무슨 악한 일을 그가 하였느냐고 묻습니다. 이 질문을 통하여 빌라도는 예수님으로부터 죽일죄를 찾지 못하였기 때문에 십자가형과 같은 극형은 피하려 하였던 것을 감지할 수 있습니다. 그러나 그런데도 불구하고 그들은 더욱 소리 지르기를 십자가에 못 박혀야 하겠다고 하니 빌라도가 아무 성과도 없이 도리어 민란이 나려는 것을 보고 물을 가져다가 무리 앞에서 손을 씻습니다. 그리고는 총독이 이르기를 이 사람의 피에 대하여 나는 무죄하니 너희가 당하라고 말합니다. 여기서 빌라도는 손 씻는 의식으로 그의 죄책감을 넘어가 보려고 하였지만 민란이 두려워 죄를 찾지도 못하였던 예수님을 무리의 요구대로 들어주는 잘못을 범합니다. 이 같은 빌라도의 말을 들은 백성이 다 그 피를 우리와 우리 자손에게 돌리라고 외칩니다. 이에 빌라도는 무리들의 집요한 요구대로 바라바는 놓아 주고 예수님은 채찍질하고 십자가에 못 박게 넘겨줍니다. 예수께서 당하신 채찍질은 여러 갈래의 동물의 가죽 끝에 뼈 조각이나 납덩이를 붙여 만든 손잡이가 짧은 형태의 것인데, 로마인들은 이것으로 힘이 닿는 대로 때릴 뿐만 아니라 때리고 싶을 때까지 때리므로 매질로 인하여 피가 분수처럼 뿜어 나오기도 하고, 뼈가 드러나 보일 수도 있고, 또한 내장까지 튀어 나올 수 있을 만큼 끔찍하였다고 합니다.

74
군병들이
예수님을 희롱하다

마태복음 27 : 27-31

이에 총독의 군병들이 예수를 데리고 관정 안으로 들어가서 온 군대를 그에게로 모으고 그의 옷을 벗기고 홍포를 입히며 가시관을 엮어 그 머리에 씌우고 갈대를 그 오른손에 들리고 그 앞에서 무릎을 꿇고 희롱하여 이르되 유대인의 왕이여 평안할지어다 하며 그에게 침 뱉고 갈대를 빼앗아 그의 머리를 치더라 희롱을 다 한 후 홍포를 벗기고 도로 그의 옷을 입혀 십자가에 못 박으려고 끌고 나가니라

기도 요점

총독의 군병들이 관정 안에 들어가 온 군대를 모아 놓고 예수님의 옷을 벗기고 홍포를 입히며 가시관을 엮어 그 머리에 씌우고 갈대를 그 오른 손에 들려주었는데, 그들의 이와 같은 행동의 의미는? 예수님의 옷을 벗기고 홍포를 입히고, 가시관을 머리에 씌우고, 갈대를 그 오른손에 들이고 그들이 그 앞에서 무릎을 꿇고 희롱하며 유대인의 왕이여 평안할 지어다고 하며 예수께 침 뱉고 갈대를 빼앗아 예수님의 머리를 치며 희롱하는 당시 상황을 상상해 보십시오.

도움의 말

빌라도가 그의 수하의 로마 군사들에게 예수님을 십자가형에 처할 것을 명령하니 총독의 군병들이 예수를 데리고 관정 안으로 들어가서 온 군대를 그에게로 모읍니다. 그리고 예수님의 옷을 벗기고 로마병사들이 왕을 상징하는 홍포를 예수님께 입히고, 가시관을 엮어 고난의 왕관을 예수님 머리에 씌우고, 왕의 통치권을 상징하는 갈대를 예수님의 오른손에 들리고 그 앞에서 무릎을 꿇고 희롱합니다. 군병들이 유대인의 왕이여 평안할 지어다라고 희

롱하면서 예수님께 침을 뱉고 갈대를 빼앗아 예수님의 머리를 칩니다. 그들은 그들의 군주 가이샤를 경배하는 것처럼 예수님 앞에서 무릎을 꿇고 희롱을 합니다. 그런 후, 당시 관습으로는 대개 옷을 벗긴 채로 형장을 향하여 가면서 가는 도중에 사람들의 조롱과 매질을 당하였던 것과는 달리 군병들은 예수님께 입혔던 홍포를 벗기고 도로 예수님의 옷을 입혀 십자가에 못 박으려고 끌고 나갑니다.

_____

_____

_____

_____

_____

75
십자가에 못 박히시다

마태복음 27 : 32-37

나가다가 시몬이란 구레네 사람을 만나매 그에게 예수의 십자가를 억지로 지워 가게 하였더라 골고다 즉 해골의 곳이라는 곳에 이르러 쓸개 탄 포도주를 예수께 주어 마시게 하려 하였더니 예수께서 맛보시고 마시고자 하지 아니하시더라 그들이 예수를 십자가에 못 박은 후에 그 옷을 제비 뽑아 나누고 거기 앉아 지키더라 그 머리 위에 이는 유대인의 왕 예수라 쓴 죄패를 붙였더라

기도 요점

시몬이란 구레네 사람을 만나 그에게 예수님의 십자가를 억지로 지고 가게 하여 골고다 즉 해골의 곳이라는 곳에 이르러 쓸개 탄 포도주를 예수님께 주어 마시게 하려 하였더니 예수께서 맛보시고 마시고자 하지 않으셨는데, 그 까닭은? 예수께서 십자가형을 선고 받으시고 형장으로 가시어 십자가에 못 박히는 과정 모두를 상상해 보십시오.

도움의 말

당시 관례에 의하면 예수님은 예루살렘 시민이 모두 볼 수 있는 대로로 나아가셨을 것이라고 합니다. 그러는 중 시몬이란 구레네 사람을 만나는데, 그에게 예수의 십자가를 억지로 지고 가게 합니다. 골고다 즉 해골의 곳이라는 곳에 이르러 쓸개 탄 포도주를 예수께 주어 마시게 하려 하였습니다. 여기서 쓸개 탄 포도주는 아주 센 독주라고 합니다. 유대전승에 의하면 이 같이 쓴 포도주를 사형 받는 죄수에게 주는 것이 관례였다고 합니다. 그 이유는 두 가지인데, 하나는 십자가형을 받는 죄수로 하여금 순간적으로 아픔을 느끼지 못하게 하는데 있었다고 합니다. 다른 하나는 독한 술로 마취된 죄수들을 사형 집행관들이 쉽게 다룰 수 있었기 때문이라고 합니다. 그렇지만 예수께서는 그 쓸개 탄 포도주를 맛보시고 마시고자 하지 아니하십니다. 그 까닭이 두 가지

로 이해될 수 있는데, 하나는 마취역할을 하는 그 독주를 마심으로써 고통을 덜어보려고 하시지 않으시고 온전히 끝까지 그 고통을 자발적으로 맞으시려는데 있습니다. 다른 하나는 예수께서는 마태복음 26장 29절에서 친히 이르시기를 '그러나 너희에게 이르노니 내가 포도나무에서 난 것을 이제부터 내 아버지의 나라에서 새것으로 너희와 함께 마시는 날까지 마시지 아니하리라'고 말씀하신 바 있습니다. 그러므로 예수께서는 쓸개 탄 그 포도주를 마시지 아니하시므로 이 말씀을 성취하십니다. 이에 그들이 예수를 십자가에 못 박습니다. 당시 십자가형은 오로지 로마시민권자가 아닌 이방 점령지역의 극악한 범죄자들에게만 적용된 형벌이었다고 합니다. 로마법에 의한 십자가 처형의 과정가운데, 첫 번째는 그 형을 공식적으로 선고 받은 사람이 자기 십자가를 지고 형장으로 갑니다. 두 번째는 형장을 향하여 가는 길에 처형 당할 사람의 죄목이 적힌 명패를 가슴에 달게 하여 지나가는 사람들로부터 인격적인 모욕을 받게 한다고 합니다. 세 번째는 처형장에 도착하여 죄수의 옷을 벗기고, 네 번째는 독한 술로 혼미하게 한 후 십자가에 못을 박거나 묶어 이를 반듯이 세운다고 합니다. 이와 반대로 이미 세워둔 십자가 위에 죄수를 끌어 올려 못 박을 때도 있다고 합니다. 다섯 번째는 십자가에 못 박힌 상태로 계속 버려두어 죄수로 하여금 서서히 죽어가게 하는데, 건강한 남자일 경우 삼일 정도 지나야 숨이 끊긴다고 합니다. 이때 야수나 새들이 그 죄수의 몸을 뜯어 먹는다고 합니다. 여섯 번째는 시간이 얼마가 지난 후 그 죄수의 다리를 꺾고 치명적 외상을 통하여 소생가능성이 없게 한다고 합니다. 그러나 이 때 외관상 죽은 것이 확인되면 다리는 꺾지 않고 창으로 몸을 찔러 확인만 한다고 합니다. 당시 십자가에 달린 죄수의 옷은 사형 집행자가 갖는 것이 통례였으므로 그들이 예수를 십자가에 못 박은 후에 그 옷을 제비 뽑아 나누는데, 이는 시편 22편 18절, '내 겉옷을 나누며 속옷을 제비 뽑나이다'라는 말씀이 성취됩니다. 그리고 그들이 거기 앉아 지키는데, 그 이유는 어떤 사람이든지간에 예수님을 구해내지 못하게 하기 위해서입니다. 또한 당시 관례대로 예수님의 이름과 그 죄목을 '유대인의 왕 예수'라고 쓴 죄패를 예수님 머리 위에 붙였습니다.

76

십자가에 못 박히신
예수님을 조롱하는 이들

마태복음 27 : 38-44

이 때에 예수와 함께 강도 둘이 십자가에 못 박히니 하나는 우편에, 하나는
좌편에 있더라 지나가는 자들은 자기 머리를 흔들며 예수를 모욕하여 이르되
성전을 헐고 사흘에 짓는 자여 네가 만일 하나님의 아들이어든 자기를 구원
하고 십자가에서 내려오라 하며 그와 같이 대제사장들도 서기관들과 장로들
과 함께 희롱하여 이르되 그가 남은 구원하였으되 자기는 구원할 수 없도다
그가 이스라엘의 왕이로다 지금 십자가에서 내려올지어다 그리하면 우리가
믿겠노라 그가 하나님을 신뢰하니 하나님이 원하시면 이제 그를 구원하실지
라 그의 말이 나는 하나님의 아들이라 하였도다 하며 함께 십자가에 못 박힌
강도들도 이와 같이 욕하더라

기도 요점

십자가에 못 박히신 예수님 좌우에 강도들도 각각 못 박혔는데, 지나가는 사
람들이 예수님을 향하여 조롱한 말은? 그리고 대제사장들과 서기관들과 장
로들이 함께 십자가에 못 박히신 예수님을 향하여 조롱하였던 말들은? 그리
고 또한 예수님과 함께 좌우에 못 박힌 강도들이 조롱한 말은?

도움의 말

예수께서 십자가에 못 박히실 때에 강도 둘도 십자가에 못 박혔는데, 하나는
우편에 하나는 좌편에 있었습니다. 당시 십자가형이 공개적으로 시행되었기
때문에 지나가는 사람들이 자기 머리를 흔들며 십자가에 못 박혀 계신 예수
님을 모욕합니다. 여기서 그들이 머리를 흔드는 것은 상대를 매우 멸시하고
조롱하는 유대인의 상징적 행동이었다고 합니다(시편 109 : 25). 이 같이 모
욕하는 행동을 하면서 그들은 십자가에 못 박힌 예수님께 성전을 헐고 사흘에
짓는 자여 네가 만일 하나님의 아들이어든 자기를 구원하고 십자가에서 내려

오라고 조롱합니다. 예수께서 하신 이 말씀은 자신의 육체적 죽음과 부활을 의미하는 말씀이었으나 그들은 문자적으로 해석하며 예수님을 조롱합니다. 아무튼 지나가는 사람들조차도 예수님으로 하여금 아버지 하나님의 뜻을 순종하지 말고 십자가의 고통으로부터 벗어나라고 조롱합니다. 이 뿐만 아니라 그와 같이 대제사장들도 서기관들과 장로들과 함께 다음과 같은 말 세 가지로 예수님을 희롱합니다. 첫째는 그가 남은 구원하였으되 자기는 구원할 수 없다고 조롱합니다. 둘째는 그가 이스라엘의 왕이로다 지금 십자가에서 내려오라 그리하면 우리가 믿겠다고 조롱합니다. 셋째는 그가 하나님을 신뢰하니 하나님이 원하시면 이제 그를 구원하실 것이라 그의 말이 나는 하나님의 아들이라 하였다고 조롱합니다. 이와 똑 같은 방법으로 함께 십자가에 못 박힌 강도들도 예수님을 조롱합니다.

77
십자가에서 영혼이
떠나시는 예수님

마태복음 27 : 45-50

제 육시로부터 온 땅에 어둠이 임하여 제 구시까지 계속되더니 제 구시쯤에 예수께서 크게 소리 질러 이르시되 엘리 엘리 라마 사박다니 하시니 이는 곧 나의 하나님, 나의 하나님, 어찌하여 나를 버리셨나이까 하는 뜻이라 거기 섰던 자 중 어떤 이들이 듣고 이르되 이 사람이 엘리야를 부른다 하고 그 중의 한 사람이 곧 달려가서 해면을 가져다가 신 포도주에 적시어 갈대에 꿰어 마시게 하거늘 그 남은 사람들이 이르되 가만 두라 엘리야가 와서 그를 구원하나 보자 하더라 예수께서 다시 크게 소리 지르시고 영혼이 떠나시니라

기도 요점

근 여섯 시간이나 예수께서 십자가에 계시다가 엘리 엘리 라마 사박다니라고 크게 소리 지르시는데, 이 말씀의 의미는? 또한 이 같이 외치시며 십자가에 못 박혀 계신 예수님과 당시 상황을 상상해 보십시오. 예수님의 이 같은 절규를 들었던 당시 사람들의 반응은? 예수께서 다시 크게 소리 지르시고 영혼이 떠나시는 것을 통하여 자신에게 감지되어 오는 것은?

도움의 말

오늘날 시간으로 제 오전 9시경부터 온 땅에 어둠이 임하여 오후 3시까지 계속됩니다. 예수께서 십자가에 달리실 때 태양이 밝은 빛을 잃어서 이 처럼 여섯 시간이 지나는 그때쯤 예수께서 엘리 엘리 라마 사박다니 라고 크게 소리 지르십니다. 근 여섯 시간이나 예수께서 십자가에 달리시어 모든 고통을 다 감당하시며 죽음을 확인하고 계시다가 드디어 나의 하나님, 나의 하나님, 어찌하여 나를 버리셨나이까 라고 크게 소리 지르십니다. 이 같은 예수님의 절규를 통하여 우리는 예수께서 죄가 없으심에도 불구하고 온 세상의 죄를 짊어지시고 죽으시기까지 하나님 아버지의 뜻에 온전히 순종하시는 것을 볼 수

있습니다. 아버지 하나님께서 아들 예수님을 버리지 아니하셨지만 하나님을 떠난 인간의 죄를 징벌하시는 심판주로서의 하나님은 그 아들 예수님을 죄인의 자리에서 대속의 죽음을 맞으심으로써 인류를 구원하시는 사랑의 하나님이십니다. 십자가에서 죽어 가시는 예수님을 통하여 우리는 예수님의 하나님 사랑과 함께 우리 인간 사랑을 동시에 감지할 수 있습니다. 그렇지만 예수님의 이 같은 의미의 절규를 들은 그곳에 있는 이들의 반응은 세 가지였습니다. 첫째, 어떤 이는 이 사람이 엘리야를 부른다 합니다. 당시 유대인들은 고통당하는 자들을 구하기 위하여 엘리야가 다시 올 것으로 기대하였다고 합니다. 그래서 이들은 예수께서 엘리야에게 구원을 요청하는 것으로 오해합니다. 둘째, 그 중의 한 사람은 곧 달려가서 해면을 가져다가 신 포도주에 적시어 갈대에 꿰어 마시게 합니다. 이 같은 행동은 시편 69편 21절의 말씀, '저희가 쓸개를 나의 식물로 주며 갈할 때에 초로 마시웠사오니' 라는 말씀이 다시 한 번 더 성취시킨 사건으로 보기도 합니다. 셋째, 두 번째 사람의 행동을 본 그 남은 사람들이 이르기를 가만 두라 엘리야가 와서 그를 구원하나 보자고 합니다. 다시 예수께서 크게 소리 지르시고 영혼이 떠나시는데, 예수님의 죽음은 우리 인간과 똑같이 영육의 분리이며, 동시에 예수께서는 자신의 생명을 자발적으로 대속의 제물로 내어주심으로 말미암은 것입니다.

78
성소 휘장이
위로부터 아래까지 찢어지다

마태복음 27 : 51-56

이에 성소 휘장이 위로부터 아래까지 찢어져 둘이 되고 땅이 진동하며 바위가 터지고 무덤들이 열리며 자던 성도의 몸이 많이 일어나되 예수의 부활 후에 그들이 무덤에서 나와서 거룩한 성에 들어가 많은 사람에게 보이니라 백부장과 및 함께 예수를 지키던 자들이 지진과 그 일어난 일들을 보고 심히 두려워하여 이르되 이는 진실로 하나님의 아들이었도다 하더라 예수를 섬기며 갈릴리에서부터 따라온 많은 여자가 거기 있어 멀리서 바라보고 있으니 그 중에는 막달라 마리아와 또 야고보와 요셉의 어머니 마리아와 또 세베대의 아들들의 어머니도 있더라

기도 요점

예수께서 십자가에서 영혼이 떠나시자 일어난 사건 가운데 하나가 성소의 휘장이 위로부터 아래까지 찢어졌는데, 이 사건의 의미는? 이 사건 외에 땅이 진동하며 바위가 터지고 무덤들이 열리며 자던 성도의 몸이 많이 일어나는 다른 사건의 의미? 이 사건들을 지켜보고 있었던 사람들은 누구이며, 또한 이것들을 본 그들의 반응은?

도움의 말

예수께서 십자가에서 영혼이 떠나시자 두 가지 사건이 일어납니다. 하나는 성소 휘장이 위로부터 아래까지 찢어져 둘이 됩니다. 찢어진 휘장은 지성소와 성소를 나누는 휘장으로서 일 년에 한 번 대제사장이 대 속죄일에 지성소에 들어갈 때만 열렸습니다. 하나님의 임재처소인 지성소를 가리고 있던 휘장은 하나님과 인간의 죄로 인한 단절된 교제를 상징하였던 것이 위로부터 아래까지 찢어져 둘이 된 것은 하나님께로 나아가는 새로운 살 길이 열렸음을 의미합니다. 다른 하나는 땅이 진동하며 바위가 터지고 무덤들이 열리며

자던 성도의 몸이 많이 일어납니다. 이는 하나님의 심판과 영광을 상징하는 것으로 봅니다. 이와 관련된 말씀을 우리는 이사야 29장 6절, '만군의 여호와께서 우레와 지진과 큰 소리와 회오리바람과 폭풍과 맹렬한 불꽃으로 그들을 징벌하실 것인즉'이라는 말씀에서 볼 수 있습니다 땅이 진동하고 바위가 터지는 지진으로 인하여 당시 무덤입구를 막고 있었던 커다란 돌문이 열리게 되며, 자던 성도의 몸이 많이 일어납니다. 예수의 부활 후에 그들이 무덤에서 나와서 거룩한 성에 들어가 많은 사람에게 보입니다. 백부장과 및 함께 예수를 지키던 자들이 이 같은 지진과 그 일어난 일들을 보고 심히 두려워하여 이르기를 이는 진실로 하나님의 아들이었다고 합니다. 예수를 섬기며 갈릴리에서부터 따라온 많은 여자가 거기 있어 멀리서 바라보고 있었는데, 그 중에는 막달라 마리아와 또 야고보와 요셉의 어머니 마리아와 또 세베대의 아들들의 어머니도 있었습니다.

79
요셉이 예수의
시체를 무덤에 넣어 두다

마태복음 27 : 57-61

저물었을 때에 아리마대의 부자 요셉이라 하는 사람이 왔으니 그도 예수의 제자라 빌라도에게 가서 예수의 시체를 달라 하니 이에 빌라도가 내주라 명령하거늘 요셉이 시체를 가져다가 깨끗한 세마포로 싸서 바위 속에 판 자기 새 무덤에 넣어 두고 큰 돌을 굴려 무덤 문에 놓고 가니 거기 막달라 마리아와 다른 마리아가 무덤을 향하여 앉았더라

기도 요점

저물었을 때에 아리마대의 부자 요셉이라 하는 사람이 왔으니 그도 예수님의 제자라 빌라도에게 가서 예수님의 시체를 달라하는데, 이 모든 과정의 당시 상황을 상상하여 보십시오. 요셉이 시체를 가져다가 깨끗한 세마포로 싸서 바위 속에 판 자기 새 무덤에 넣어 두고 큰 돌을 굴려 무덤 문에 놓고 가니 거기 막달라 마리아와 다른 마리아가 무덤을 향하여 앉았는데, 이 같은 당시 상황을 상상하십시오.

도움의 말

신명기 21장 22-23절은 '사람이 만일 죽을 죄를 범하므로 네가 그를 죽여 나무 위에 달거든 그 시체를 나무 위에 밤새도록 두지 말고 그 날에 장사하여 네 하나님 여호와께서 네게 기업으로 주시는 땅을 더럽히지 말라 나무에 달린 자는 하나님께 저주를 받았음이니라'는 말씀입니다. 그렇기 때문에 십자가에 못 박혀 돌아가신 채로 예수님을 밤새도록 그대로 둘 수 없는 상황이라 저물었을 때에 아리마대의 부자 요셉이라 하는 사람이 왔습니다. 예수님의 제자인 그가 빌라도에게 가서 예수의 시체를 달라 합니다. 당시 로마관습은 십자가에 달린 죄수를 모든 사람들이 다 볼 수 있도록 시신이 짐승에게 뜯어

먹히어 썩을 때까지 그대로 십자가에 달아 놓았지만, 친구나 친척이 그 시신을 장사지내려고 하면 로마의 지방행정관의 승낙을 얻어야만 했다고 합니다. 그리하여 요셉이 빌라도에게 예수님의 시신을 요구한 것입니다. 이에 빌라도가 예수님 시신을 내어주라 명령합니다. 이에 요셉이 시체를 가져다가 깨끗한 세마포로 싸서 바위 속에 판 자기 새 무덤에 넣어 두고 큰 돌을 굴려 무덤문에 놓고 갑니다. 거기 막달라 마리아와 다른 마리아가 무덤을 향하여 앉아 있었습니다. 이 두 여인은 예수님의 죽으심과 장사하는 모든 과정을 다 지켜본 이들로서 어둠이 깔린 그 무덤가에서 예수님을 향한 간절한 사랑의 마음으로 그곳을 떠나지 못하고 있습니다. 사실 당시 로마법에 따르면, 처형된 이들을 위한 애곡이 금지되었음으로 그 여인들은 아픈 가슴을 억누르며 예수님의 죽으심과 장사과정을 지켜보았을 것입니다.

80
경비병이 무덤을 지키다

마태복음 27 : 62-66

그 이튿날은 준비일 다음 날이라 대제사장들과 바리새인들이 함께 빌라도에게 모여 이르되 주여 저 속이던 자가 살아 있을 때에 말하되 내가 사흘 후에 다시 살아나리라 한 것을 우리가 기억하노니 그러므로 명령하여 그 무덤을 사흘까지 굳게 지키게 하소서 그의 제자들이 와서 시체를 도둑질하여 가고 백성에게 말하되 그가 죽은 자 가운데서 살아났다 하면 후의 속임이 전보다 더 클까 하나이다 하니 빌라도가 이르되 너희에게 경비병이 있으니 가서 힘대로 굳게 지키라 하거늘 그들이 경비병과 함께 가서 돌을 인봉하고 무덤을 굳게 지키니라

기도 요점

대제사장들과 바리새인들이 함께 빌라도를 찾아간 이유는? 경비병이 예수님의 무덤을 지키는 까닭은?

도움의 말

그 이튿날은 준비일 다음 날 즉 안식일이라 대제사장들과 바리새인들이 함께 빌라도에게 갑니다. 사실 이들은 당시 서로 반목하고 질시하는 사이였지만 예수님을 없이 하는 데에 있어서만은 서로 협력하여 빌라도에게 함께 갑니다. 그들이 빌라도에게 이르기를 주여 저 속이던 예수가 살아 있을 때에 자기가 사흘 후에 다시 살아나리라 한 것을 우리가 기억한다고 말한 후, 그들은 빌라도에게 그 무덤을 사흘까지 굳게 지키게 하도록 명령할 것을 요청합니다. 당시 유대인들은 로마 당국의 허락 없이는 군사 행동을 취하지 못하였다고 합니다. 그래서 대제사장들과 바리새인들이 빌라도에게 예수님의 시체를 지키는 경비병을 요청한 것입니다. 그들이 이 같은 요청을 한 까닭은 혹시 그의 제자들이 와서 시체를 도둑질하여 가고 백성들에게는 그가 죽은 자 가

운데서 살아났다고 하게 되면 전보다 소요가 더 클까봐 염려되었기 때문입니다. 물론 그들에게는 성전 수비대가 있었지만 그 활동 범위는 성전에 국한되었다고 합니다. 그렇기 때문에 그들의 요청에 따라 빌라도는 그들에게 너희에게 경비병이 있으니 가서 힘대로 굳게 지키라고 합니다. 그리하여 그들이 경비병과 함께 가서 돌을 인봉하고 무덤을 굳게 지킵니다.

81
예수께서 살아나시다

마태복음 28 : 1-4

안식일이 다 지나고 안식 후 첫날이 되려는 새벽에 막달라 마리아와 다른 마리아가 무덤을 보려고 갔더니 큰 지진이 나며 주의 천사가 하늘로부터 내려와 돌을 굴려 내고 그 위에 앉았는데 그 형상이 번개 같고 그 옷은 눈 같이 희거늘 지키던 자들이 그를 무서워하여 떨며 죽은 사람과 같이 되었더라

기도 요점

예수께서 살아나신 것을 표현한 말씀은? 무덤을 지키던 자들이 그를 무서워하여 떨며 죽은 사람과 같이 되었는데, 그 원인은?

도움의 말

안식일이 다 지나고 안식 후 첫날이 되려는 새벽입니다. 당시 유대인들은 해질 저녁 6시경을 기준으로 하루가 끝나고 시작하므로 첫 날이 되려는 새벽이란 깊은 밤이 거의 다 지나가는 때입니다. 이는 오늘날 주일에 들어선 때입니다. 그래서 초대교회성도들은 부활의 이 날을 주일예배로 드리게 됩니다. 이같은 때에 예수님의 무덤을 이미 확인한 바 있었던 막달라 마리아와 다른 마리아가 그곳을 보려고 갔습니다. 그랬더니 큰 지진이 나며 주의 천사가 하늘로부터 내려와 돌을 굴려 내고 그 위에 앉았는데, 그 형상이 번개 같고 그 옷은 눈 같이 흽니다. 이는 하나님의 능력으로 여인들과 그 외 주변 이들로 하여금 무덤이 비어있다는 사실을 알게 할 뿐만 아니라 예수께서 부활하셨다는 흔적을 친히 볼 수 있게 하는 말씀입니다. 이 모든 과정을 지켜보았던 무덤을 지키던 자들은 지진과 주의 천사의 임재 앞에서 무서워하여 떨며 죽은 사람과 같이 되었습니다.

82
가서 내 형제들에게
갈릴리로 가라 하라

마태복음 28 : 5-10

천사가 여자들에게 말하여 이르되 너희는 무서워하지 말라 십자가에 못 박히신 예수를 너희가 찾는 줄을 내가 아노라 그가 여기 계시지 않고 그가 말씀하시던 대로 살아나셨느니라 와서 그가 누우셨던 곳을 보라 또 빨리 가서 그의 제자들에게 이르되 그가 죽은 자 가운데서 살아나셨고 너희보다 먼저 갈릴리로 가시나니 거기서 너희가 뵈오리라 하라 보라 내가 너희에게 일렀느니라 하거늘 그 여자들이 무서움과 큰 기쁨으로 빨리 무덤을 떠나 제자들에게 알리려고 달음질할새 예수께서 그들을 만나 이르시되 평안하냐 하시거늘 여자들이 나아가 그 발을 붙잡고 경배하니 이에 예수께서 이르시되 무서워하지 말라 가서 내 형제들에게 갈릴리로 가라 하라 거기서 나를 보리라 하시니라

기도 요점

막달라 마리아와 다른 마리아가 무덤을 보려고 갔을 때, 천사가 그들에게 너희는 무서워하지 말라 십자가에 못 박히신 예수를 너희가 찾는 줄을 내가 아노라 그가 여기 계시지 않고 그가 말씀 하시던 대로 살아나셨다고 이른 후, 그녀들에게 주신 두 가지 일은? 천사로부터 위탁 받은 두 가지 일을 위하여 그녀들이 달음질 하여 가다가 부활하신 예수님을 만나는데, 이 때 부활하신 예수님께서 그들에게 이르신 말씀과 의탁하신 일은?

도움의 말

천사가 여자들에게 너희는 무서워하지 말라 십자가에 못 박히신 예수를 너희가 찾는 줄을 내가 안다고 이릅니다. 그리고는 그들에게 천사는 예수님이 여기 계시지 않고 그가 말씀 하시던 대로 살아나셨다고 하면서 그들에게 와서 그가 누우셨던 곳을 보라고 합니다. 이 같이 천사는 십자가에서 죽으시어 장

사된 예수님이 그 무덤에 계시지 않으므로 그곳이 비어있는 것을 확인시켜줍니다. 빈 무덤을 확인할 뿐만 아니라 예수께서 살아나셨다는 소식을 들은 그들은 천사로부터 해야 할 일 두 가지를 듣습니다. 하나는 빨리 가서 그의 제자들에게 그가 죽은 자 가운데서 살아나셨다는 것을 알리는 일입니다. 다른 하나는 부활하신 예수께서 너희보다 먼저 갈릴리로 가시나니 거기서 너희가 뵐 것을 알리는 일입니다. 이에 그 여자들이 무서움과 큰 기쁨으로 빨리 무덤을 떠나 제자들에게 이 사실들을 알리려고 달음질합니다. 그럴 때 예수께서 그들을 만나 이르시기를 평안하냐 하십니다. 이와 같이하여 그녀들은 부활하신 예수님을 최초로 목격하게 되는데, 그때 그들이 나아가 부활하신 예수님 발을 붙잡고 경배합니다. 그녀들의 이 같은 행동은 부활하신 예수님에 대한 절대적인 존경과 경외의 뜨거운 사랑의 표현입니다. 그러자 예수께서 그들에게 무서워하지 말라 가서 내 형제들에게 갈릴리로 가라 하라 그러면 거기서 그들이 나를 보리라는 말을 전하라고 하십니다. 여기서 부활하신 예수님께서 그들에게 내 형제에게 가라고 하시는데, 이는 11사도를 포함하여 예수님을 따르는 제자들 모두를 가리키는 말씀으로 봅니다. 왜냐하면 예수님의 부활 소식은 당시 열한 제자들뿐만 아니라 예수님을 따를 모든 사람들에게 기쁜 소식으로 확대되어 전해질 것이기 때문입니다.

83
경비병의 보고

마태복음 28 : 11-15

여자들이 갈 때 경비병 중 몇이 성에 들어가 모든 된 일을 대제사장들에게 알리니 그들이 장로들과 함께 모여 의논하고 군인들에게 돈을 많이 주며 이르되 너희는 말하기를 그의 제자들이 밤에 와서 우리가 잘 때에 그를 도둑질하여 갔다 하라 만일 이 말이 총독에게 들리면 우리가 권하여 너희로 근심하지 않게 하리라 하니 군인들이 돈을 받고 가르친 대로 하였으니 이 말이 오늘날까지 유대인 가운데 두루 퍼지니라

기도 요점

경비병들이 대제사장들에게 가서 보고한 것은? 경비병들의 보고를 받은 대제사장들이 산헤드린 회의를 소집하여 결정한 것들은?

도움의 말

여자들이 예수님의 부활을 제자들에게 전하려 갈 때 빈 무덤 사건으로 놀라고 있었던 경비병 중 몇이 성에 들어가 모든 된 일을 대제사장들에게 알립니다. 이에 그들이 장로들과 함께 모여 산헤드린 회의에서 의논하여 두 가지를 결정합니다. 하나는 군인들로 하여금 예수님의 제자들이 밤에 와서 그들이 잘 때에 예수님을 도둑질하여 갔다고 거짓증언 하라는 것입니다. 다른 하나는 거짓증언의 값으로 군인들에게 돈을 많이 주기로 한 것입니다. 예수님의 무덤을 지키던 경비병들의 보고를 받은 대제사장들은 이처럼 예수님의 부활을 은폐하도록 돈을 주면서 거짓 소문을 내도록 하였습니다. 뿐만 아니라 그들은 그 댓가로 또 다른 약속을 하는데, 이는 만일 예수가 살아났다는 말이 총독에게 알려지면 그들이 그를 설득하고 권하여 경비병들로 근심하지 않게 할 것이라는 약속입니다. 이와 같이하여 군인들이 돈을 받고 당시 타락한 종교 지도자들이 가르친 대로 거짓증언을 하였는데, 이 같은 거짓 소문이 오늘날까지 유대인 가운데 두루 퍼졌습니다.

84
세상 끝 날까지
항상 너희와 함께 있으리라

마태복음 28 : 16-20

열한 제자가 갈릴리에 가서 예수께서 지시하신 산에 이르러 예수를 뵈옵고 경배하나 아직도 의심하는 사람들이 있더라 예수께서 나아와 말씀하여 이르시되 하늘과 땅의 모든 권세를 내게 주셨으니 그러므로 너희는 가서 모든 민족을 제자로 삼아 아버지와 아들과 성령의 이름으로 세례를 베풀고 내가 너희에게 분부한 모든 것을 가르쳐 지키게 하라 볼지어다 내가 세상 끝날까지 너희와 항상 함께 있으리라 하시니라

기도 요점

열한 제자가 갈릴리에 가서 예수께서 지시하신 산에 이르러 부활하신 예수님을 뵈옵고 경배하지만 아직도 의심하는 사람들이 있었는데, 이러한 그들에게 나아가 이르신 예수님의 말씀들은 무엇이며, 그 말씀들의 의미는? 제자들에게 이르신 말씀 가운데 하나인 '볼지어다 내가 세상 끝 날까지 너희와 항상 함께 있으리라'고 약속하시는데, 이 말씀이 자신에게 주는 의미는?

도움의 말

부활하신 예수께서 보내신 여자들을 만난 열한 제자가 그녀들의 보고 대로 갈릴리에 가서 예수께서 지시하신 산에 이릅니다. 그곳에서 제자들은 부활하신 예수님을 뵈옵고 경배합니다. 이는 부활하신 예수께서는 십자가의 죽음에서 벗어나 승리하신 그리스도 왕으로서 경배를 받습니다. 그러나 그들 가운데 아직도 의심하는 사람들이 있습니다. 이 같이 의심하는 이들도 있는 그들에게 예수께서 나아와 세 가지 말씀을 하십니다. 첫째는 하늘과 땅의 모든 권세를 하나님 아버지께서 부활하신 예수에게 주셨다는 말씀입니다. 예수님은 여기서 지상에서의 권세뿐만 아니라 온 우주의 권세를 가지셨음을 제자들에

게 확실하게 선언하십니다. 그렇기 때문에 예수께서는 둘째로 제자들에게 너희는 가서 모든 민족을 제자로 삼으라고 명령하십니다. 예수께서는 마태복음 10장 5-6절에서 제자들에게 이방인의 길과 사마리아인의 고을로 가지 말고 이스라엘 집의 잃은 양에게로 가라고 하신 바 있습니다. 또한 예수님은 이스라엘 집의 잃어버린 양에게로 보냄을 받았다고 마태복음 15장 24절에서 말씀하신 바 있습니다. 그런데 부활하신 예수께서 마지막으로 주시는 말씀에서는 제자들에게 모든 민족에게 가서 그리스도 예수님의 제자로 삼아 성부 성자 성령의 이름으로 세례를 주라고 이르십니다. 세례는 예수를 그리스도로 믿는 사람이 죄 사함을 받고 그리스도 예수님의 공동체인 교회의 일원이 되어 하나님의 다스리심에 온전히 순종하며 살겠다는 예식입니다. 부활하신 그리스도께서 제자들에게 분부한 모든 것을 세례를 받은 사람에게 가르쳐 지키게 하라고 말씀하십니다. 예수께서는 지상에서 사역하실 때에 제자들을 파송하시면서 병을 고치고 하나님나라 복음을 전파할 것을 말씀 하신 바 있습니다. 그런데 부활하신 그리스도 예수께서 제자들에게 마지막으로 그들이 선교하여 세례 받은 사람들에게 주께서 분부한 모든 것을 가르쳐 지키게 하라고 말씀하십니다. 그 까닭은 지상사역에서 예수께서는 유일한 선생님이므로 가르치는 권세가 예수님에게만 있었습니다. 그렇지만 부활하신 예수께서는 이제 승천하실 때가 되었기에 예수께서 지상에서 선포하시고 가르치셨던 하나님나라 복음을 제자들에게로 위탁하고 계십니다. 이와 같이하여 부활하신 예수께서 제자들에게 주께서 분부한 모든 것을 가르치는 책임과 권위를 부여해 주고 계십니다. 셋째는 볼지어다 내가 세상 끝 날까지 너희와 항상 함께 있으리라는 말씀입니다. 이는 부활하신 예수께서 이 같은 지상명령을 제자들이 잘 수행할 수 있도록 세상 끝 날까지 그들과 늘 함께 계시겠다는 약속의 말씀입니다.